Para

Com votos de muita

paz e luz.

/ /

AMOR & TRAIÇÃO

MasterBooks

Amor e Traição

An imprint of MasterBooks, LLC.
6136 NW 53rd Circle, Coral Springs, FL 33067
Email: Masterbooks@masterbooksus.com
Contact@masterbooksus.com

Amor e Traição

Copyright © 2015 MasterBooks, LLC.

All rights reserved. Except for brief quotations in critical articles or reviews, no part of this book may be reproduced in any manner without prior written permission from the author.

1st Edition by MasterBooks, 2015.

International Cataloguing Information in Publication
Amor e Traição / Umberto Fabbri - Florida - US

For information about bulk discounts or to purchase copies of this book, please contact MasterBooks at 954-345-9790 or contact@masterbooksus.com

Cover by André Stenico

Printed in the United States of America

250 p;

ISBN :0692562222Paperbook

ISBN E-book

AMOR & TRAIÇÃO

UMBERTO FABBRI
JAIR DOS SANTOS

MasterBooks

Sumário

Amigo leitor 9
Capítulo 01 - Laços de amizade 11
Capítulo 02 - Espírito rebelde 17
Capítulo 03 - Cinismo e inveja 23
Capítulo 04 - O acidente 29
Capítulo 05 - Socorro necessário 35
Capítulo 06 - Assistência fraterna 43
Capítulo 07 - Prece: medicina preventiva 49
Capítulo 08 - Laços vibratórios 55
Capítulo 09 - Bandeirantes da realidade espiritual . 61
Capítulo 10 - Educação como prova de amor 67
Capítulo 11 - Atitudes constrangedoras 73
Capítulo 12 - Intervenção oportuna 79
Capítulo 13 - Fascínio 85
Capítulo 14 - Postura desrespeitosa 89

Capítulo 15 - O veneno da serpente................ 95
Capítulo 16 - Verdadeira traição..................... 101
Capítulo 17 - Reiteradas tentativas................. 109
Capítulo 18 - Atos inconsequentes.................. 119
Capítulo 19 - Quebra de confiança.................. 123
Capítulo 20 - Flagrante assustador.................. 131
Capítulo 21 - Cenário macabro....................... 137
Capítulo 22 - Conduta enérgica...................... 143
Capítulo 23 - Dor profunda............................ 149
Capítulo 24 - Falsa consideração..................... 155
Capítulo 25 - Planejamento criminoso............. 159
Capítulo 26 - Ponderações superiores.............. 165
Capítulo 27 - Aborto delituoso....................... 169
Capítulo 28 - O obsessor................................ 175
Capítulo 29 - Falso amigo.............................. 181
Capítulo 30 - A vingança mais eficaz.............. 185
Capítulo 31 - Liberdade respeitada................. 191
Capítulo 32 - Pacto tenebroso........................ 197
Capítulo 33 - Armadilha inteligente............... 203
Capítulo 34 - Medidas emergenciais............... 209
Capítulo 35 - Jesus nos aguarda..................... 215
Capítulo 36 - Esclarecimentos........................ 223
Capítulo 37 - Resgate com Jesus..................... 229
Capítulo 38 - Nossos potenciais...................... 237
Capítulo 39 - Sacrifício por amor.................... 243

Amigo leitor,

Nossas escolhas representam os caminhos que traçamos para nossas vidas. Somos livres para escolher, e esta liberdade concedida pela bondade de Deus, Nosso Pai, mostra sua justiça inexorável, pois sempre seremos responsáveis pelas consequências do que semeamos.

Quando, em atos comuns da vida, utilizamos dessa liberdade de modo equivocado, alteramos programas que nos fariam avançar em muito nossa escalada evolutiva.

O primitivismo de nossas emoções surge como verdadeiro impeditivo, por vezes lastreado no desrespeito ao semelhante, com a implementação do ódio em nossos relacionamentos.

Uma linha tênue separa o amor do ódio no coração de Espíritos que estão em estágio de aprendizado, como é o nosso caso. Qualquer descuido impetrado por nossa insistência, geralmente em pontos de vista equivocados, faz-nos resvalar e adentrar neste sentimento aniquilador das energias vitais, reduzindo nossa existência não somente em questões de anos, mas principalmente, em atrasos injustificáveis, por pura ilusão na manutenção de um falso poder ou mesmo da vingança por danos sofridos.

Trazemos, nestas páginas, dramas que poderiam fazer parte de nossas próprias existências, esperando que sirvam para nossas reflexões, e que exemplos desta natureza tornem-se verdadeiros alertas, para evitarmos as agruras de resgates dolorosos, desperdiçando um tempo precioso em nossa escalada para a luz.

Jair dos Santos

Capítulo 01
Laços de amizade

—Lily, é impressionante como Caio e Júnior se dão bem, não?

– Realmente, querido. São mais que amiguinhos. Parecem verdadeiros irmãos. Gêmeos univitelinos eu poderia dizer... Também sua amizade com o Álvaro, pai de Caio, é desde a infância, não?

– Você sabe como é a vida no interior, Lily. Apesar de nossa cidade ter crescido, ainda mantém determinadas características de uma comunidade pequena. Todo mundo se cumprimenta e se conhece... Eu creio que esses laços de amizade, se fosse possível, poderiam ser genéticos, porque a família do Álvaro era vizinha da nossa. Fomos criados praticamente juntos. A diferença de idade é de apenas um ano. Sou o mais velho. Desde a nossa infância, fazíamos planos para nos tornarmos sócios em algum empreendimento. Claro que eram sonhos infantis. Uma hora íamos montar uma companhia aérea; em outra oportunidade, construiríamos navios... Bastava folhear alguma revista e encontrar uma propaganda diferente, que lá íamos nós, com nossa imaginação fértil...

– Montar um estaleiro morando em uma cidade no meio do estado, realmente, essa foi a melhor de todas que eu ouvi – completou sorrindo Lily.

– Veja você. No final, acabamos sendo sócios em um restaurante, vendendo comida, quando um dia cheguei a pensar em ser um astronauta, motivado por minhas fantasias...

– Coisa de pisciano, dizem... Eternos sonhadores, meu querido.

– Você, sempre lógica, Lily. Sempre com os pés no

chão... Também, morando do lado bacana da cidade, tinha tudo ao seu dispor – disse Roberto fazendo chiste.

– Dei uma chance para você, que era pobrezinho, e como uma princesa, casei com o "sapo"...

– E eu caí foi no encanto da bruxa...

O casal se abraçou demoradamente, vivenciando aqueles momentos de descontração e alegria simples e verdadeira, admirando a beleza da amizade que ganhava fortes contornos a cada dia entre o filho querido e seu fiel amiguinho.

Os amigos espirituais da outra dimensão também se rejubilavam, por saber que as reencarnações vitoriosas, para a grande maioria dos Espíritos que se encontram em "expiação e provas", são voltadas para a construção do relacionamento calcado no respeito e no amor.

Somente na solidificação do amor, através do exercício continuado, encontraremos a alavanca de sustentação para as missões importantes do porvir, onde nossa família se amplia, alterando sua posição parental, para entrar no verdadeiro âmbito cósmico.

No entanto, o fato de nos encontrarmos entre amigos de outras eras não significa que as provas referentes aos ajustes de relacionamento deixem de existir. Elas se farão presentes quando necessárias e será imprescindível o esforço individual ou, dependendo do caso, também coletivo, para sua superação.

Os anos passaram rápido e os dois amigos de infância encontravam-se agora em plena juventude, preservando a riqueza da amizade, cujo valor é incomensurável, constituindo-se um dos tesouros mais valiosos que acompanham a evolução do Espírito.

Tesouro constituído de diamantes do amor, que são as verdadeiras riquezas que podemos e devemos acumular, conforme recomendado pelo Nosso Mestre Jesus.

Júnior e Caio gradativamente assumiam o gerenciamento do restaurante, apesar de alguns desacertos com os pais. Situações normais dos choques entre gerações.

Os jovens, com o costumeiro dinamismo, queriam fazer modificações em algumas estruturas tradicionais. Seria lógico supor que os pais oferecessem alguma resistência, porém, os resultados acabavam por atender a todos.

Caio era o mais impulsivo e estava sempre buscando novidades, enquanto Júnior costumava ponderar para que não ocorressem colisões com os interesses dos genitores.

De uma maneira ou outra, o negócio prosperava há muitos anos. O cardápio bem variado atendia os mais diversificados gostos, e as famílias envolvidas, bem como os funcionários do restaurante, viviam felizes, dentro do possível.

Capítulo 02
Espírito rebelde

Júnior, com sua natureza mais tranquila e ponderada, ao prestar o vestibular, deu preferência para a área de humanas, e foi um dos primeiros colocados na universidade da cidade vizinha, atendida por linha de ônibus regular, cuja viagem não consumia mais do que trinta minutos.

Caio por sua vez nunca teve muita vocação para o estudo. Em grande parte do período escolar necessitou de auxílio do amigo, que se esforçava para que ele não fosse reprovado.

Tendo um estilo mais folgazão, Caio preferia o futebol e os namoricos a frequentar as aulas com regularidade. De temperamento impaciente, não raro envolvia-se em discussões e contendas.

Quando Júnior procurava amenizar as situações ao encontrar Caio irritado, este dizia ao amigo que não gostava de perder. Aliás, para ele, ninguém era lembrado por ficar em segundo ou terceiro lugar. Como torcedor inveterado de um grande time da capital, costumava escolher uma data ao acaso e perguntar para o amigo:

– Diga-me, Júnior, quem foi o segundo colocado no campeonato nacional no ano de 1960?

– Não tenho a menor ideia. Você me sai com cada uma...

– Viu só? Segundo colocado, vice disso ou daquilo, geralmente ninguém sabe ou dá importância. Acorda, cara, o mundo é dos vencedores e não dos perdedores conformados, que vivem pregando que "Ganhar ou perder não importa, o que vale é competir". Essa é uma das expressões mais medíocres que eu já ouvi.

– Desisto, Caio. Juro que minha intenção com você, solicitando mais paciência e equilíbrio, é para o seu próprio bem. Como seu amigo, me preocupo contigo.

– Valeu, Júnior.

Caio não dava oportunidade para que o amigo continuasse com seus argumentos, por mais razoáveis que eles pudessem ser. A rigor, tinha verdadeira ojeriza em ser contrariado, com atitudes por vezes muito semelhantes às das crianças birrentas.

Contudo, apesar das diferenças, a amizade entre os dois rapazes se fortalecia com o passar do tempo e do trabalho que realizavam com seus pais.

Júnior frequentava as aulas na universidade no período matutino, retornando a sua cidade logo após o almoço. Desta maneira, sua responsabilidade no restaurante era o turno do jantar, o que lhe permitia um pouco de tempo na parte da tarde para atender os deveres de casa e rever a matéria dada pelos professores em cada manhã.

Foi no final do primeiro ano letivo que Júnior conheceu e iniciou o namoro com Luciana, aluna do penúltimo semestre de administração. Era nascida e criada na cidade onde se localizava a universidade, sendo a filha única do prefeito, que se encontrava no início de seu segundo mandato.

Seus pais vinham de família agropecuarista, e eram considerados os maiores exportadores em seu ramo de negócio no país.

O relacionamento entre os jovens foi sendo fortalecido gradativamente, contrariando Caio, que demonstrava um misto de inveja e ciúme. Por manter seu gênio pouco voltado a aceitar e dividir, em sua opinião Luciana invadia e roubava-lhe a atenção do amigo.

Espírito rebelde, Caio reencarnara com o amigo para que tivessem mais uma oportunidade de reajustes com a experiência da convivência. Júnior, por ser um pouco mais paciente, fazia suas tentativas de orientá-lo e, desta forma, alterar, pelo menos em parte, o comportamento agressivo, desequilibrado e egoísta daquele que fora seu irmão em existência anterior, com quem houvera se desentendido por razões mesquinhas.

Ambos encontravam nos pais o exemplo benéfico das criaturas mais evoluídas moralmente. Receberam educação simples, contudo, de uma ética inabalável.

Principalmente para Caio, estar diante de pais mais equilibrados reduzia em muito seus arroubos inferiores. A lógica do ensinamento expresso na Codificação Espírita, especificamente em "O Evangelho Segundo o Espiritismo", no seu Capítulo IV, item 19, diz: "os maus melhoram-se pouco a pouco ao contato com os bons, e pelos cuidados que recebem". Este ensinamento fazia sentido absoluto em relação ao jovem rebelde.

Capítulo 03
Cinismo e inveja

Com as férias de final de ano aproximando-se, Caio mantinha a esperança de que Luciana não passaria de uma simples e rápida aventura na vida do amigo. Com o seu estilo centralizador e interesseiro, entendia que a distração de Júnior poderia trazer consequências negativas para o negócio das duas famílias. Caio tinha certeza de que logo toda a empolgação demonstrada pelo companheiro de infância iria se esvair, principalmente quando tomou conhecimento de que Luciana viajaria para a Europa na companhia de seus pais – eles passariam praticamente o mês de dezembro inteiro visitando os países daquele continente.

A viagem seria em alto estilo, graças às possibilidades financeiras da família. O Natal e o Réveillon seriam comemorados em Paris.

Nos seus devaneios egoístas, bem ao estilo daquelas pessoas que acreditam que o mundo gravita em torno de si mesmas, Caio perguntava-se: "O que uma garota já praticamente formada e rica iria querer com um simples estudante e herdeiro de pequeno restaurante da cidade vizinha?".

Aquele fogo da paixão inicial, que Júnior mantinha, com certeza iria se apagar mais rápido do que seu amigo poderia supor. Em muito breve tempo, a moça seguiria seu rumo e tudo voltaria a ser como era antes...

Com o término do ano letivo, Caio, impaciente e um tanto invejoso, ao ficar sabendo que o amigo iria encontrar-se com Luciana para se despedir antes da viagem dela, resolveu, de forma um tanto cínica, fazer seu questionamento:

– Júnior, como seu amigo, preocupo-me bastante com você. Sabe disso, não?

– Sim, Caio, eu sei disso. Eu também, mas o que está acontecendo?

– É em relação ao seu namoro...

– O que tem ele?

– Bem... Não que eu queira me meter em sua vida, no entanto, você não acha que está apaixonado demais por essa menina? Às vezes, nós nem sequer percebemos o quanto mergulhamos de cabeça em determinados relacionamentos, e podemos rapidamente nos decepcionar.

– Aonde você quer chegar?...

– Pela condição social e financeira de Luciana, conforme você me contou, acredita mesmo que o pai dela irá aprovar o seu namoro ou algo mais sério entre vocês?

– Caio, no momento não estou preocupado com isso. Nosso relacionamento mal começou... Diria até que somos mais amigos que namorados.

– Amigos? Você não tem relações com ela?

– Alto lá, Caio... Isso é muita intimidade, não? Eu não saio perguntando sobre os seus namoricos...

– Não pergunta por que eu conto tudo, seu trouxa.

Entre amigos não é necessário manter segredos. Estou perguntando porque a única pessoa que você namorou na cidade foi a Neide, e ninguém mais. Falta experiência para você nesse terreno, e eu tenho de sobra.

– A Neide nem foi minha namorada, Caio. No entanto, eu agradeço a sua preocupação, e você pode continuar sossegado, que eu tenho muito respeito por Luciana e não irei me envolver sem os cuidados necessários, evitando qualquer embaraço, tanto para mim, como para ela, principalmente.

– Cara, não precisa ficar nervoso. É que gravidez pode ocorrer em qualquer relacionamento, não?

– Eu sei bem disso, já estou crescidinho, Caio. Todavia, repito, fique tranquilo, porque, quando acontecer, se é que vai acontecer, tomarei os cuidados necessários.

Caio disfarçou fazendo "tipo" para não demonstrar que o rumo que a conversa estava tomando não era do seu agrado, porque, no auge de seu comportamento invejoso, sentia-se diretamente prejudicado. Procurando ser mais brando, sentindo-se perdedor naquele momento, completou, cínico:

– Desculpe por eu gostar tanto de você, meu irmão... Às vezes, não me controlo, infelizmente...

– Fique tranquilo, Caio... Perdoe-me se fui rude em algum instante, ok?

– Certo. Fico feliz que entre nós tudo sempre acaba bem, Júnior... Venha cá, meu amigão, e me dê um abraço...

Enquanto se cumprimentavam, Caio, extremamente frustrado, pensava: "Vou engolir este 'sapo' desta vez, bonitão, mas não pense que será sempre assim"...

Capítulo 04
O acidente

Apesar do choque reencarnatório e da educação serem elementos ativos na redução ou, por vezes, até na eliminação de certas tendências, Caio demonstrava o quanto necessitava de assistência de seus benfeitores espirituais para melhorar-se. Assistência essa que não era aceita pelo seu gênio explosivo e negligente em relação aos valores do Espírito imortal, sendo desperdiçada a grande maioria das oportunidades oferecidas, fosse na família ou mesmo na amizade que mantinha com Júnior.

A natureza não pode dar saltos, o que se constituiria em violação ao direito da liberdade de escolha do Espírito.

Aqueles, portanto, que resistem à utilização dos valores reais que se encontram em potência em todos nós, e que herdamos em caráter definitivo de Deus, poderão opcionalmente entrar na metodologia da dor, que experimentamos quando utilizamos mal nossa liberdade. Isto geralmente ocorre quando negligenciamos o potencial de que somos possuidores.

Obviamente, o DNA Divino em cada um acabará prevalecendo dentro de sua lógica. Seremos bons, demore o tempo que for necessário, porque o mal é mera ilusão de quem vive na ignorância a respeito de si mesmo.

Tanto Júnior quanto Caio contavam com certas facilidades, porque não experimentaram as agruras dos anos do início da sociedade de seus pais, que só após muitas lutas alcançaram o equilíbrio para a manutenção do negócio, pois nos primeiros tempos as despesas em determinados momentos eram maiores que a receita. Finalmente, o restaurante conquistara grande clientela e gozava de prestígio na cidade, servindo de referência para os empreendedores interessados em entrar no mesmo ramo.

Lily, a mãe de Júnior, já conversava com o marido no sentido de comprarem um veículo para o jovem. Isso facilitaria as suas viagens para a cidade vizinha, reduzindo inclusive o tempo despendido com a espera do ônibus para seu retorno, após o término das aulas. Seria um ganho de tempo considerável, que poderia ser melhor utilizado no trabalho do jovem no restaurante.

Roberto, um tanto resistente a princípio, acabou cedendo e conversando com o sócio, que além de apoiar a ideia decidiu incluir Caio no benefício. Os veículos poderiam ser comprados pelo próprio restaurante. Os rapazes já possuíam carta de motorista, mas só dirigiam esporadicamente os carros que pertenciam aos pais.

Os sócios decidiram que viajariam até a cidade vizinha, onde duas grandes lojas de comercialização de veículos estavam instaladas. Comprariam carros usados num primeiro momento, para não investirem grande quantidade de capital, mas, sem dúvida, já seria um ganho significativo para os dois rapazes.

Sairiam no dia seguinte bem cedo e na volta fariam uma surpresa para os filhos, até porque os rapazes já contavam com idade e responsabilidade suficientes para possuírem seus próprios carros.

Na manhã seguinte, Álvaro foi apanhar Roberto para a curta viagem.

O percurso entre as cidades foi coberto rapidamente e o negócio com os dois carros não demorou a ser realizado. Ficou acertado que a loja enviaria os veículos no dia seguinte, para a surpresa ser completa.

Na viagem de retorno, os amigos foram surpreendidos por forte temporal. Aquele verão estava trazendo mais chuva que o normal, quando comparado aos anos anteriores. Roberto, um tanto mais precavido, sugeriu que Álvaro estacionasse o veículo em local seguro, em virtude da visibilidade estar muito comprometida. A chuva não dava mostras de que iria diminuir, e a estrada sendo de mão única, isso aumentava significativamente o risco de derrapagem ou até mesmo de uma colisão com outro veículo que trafegasse em direção contrária.

Álvaro achou a sugestão de Roberto muito razoável e, diminuindo, começou a procurar alguma saída da estrada, já que o único posto de gasolina onde poderiam parar em segurança estava relativamente distante do local onde se encontravam.

Apesar da estrada ser conhecida, era extremamente sinuosa e os dois amigos não poderiam cometer nenhuma negligência com um tempo daqueles.

No entanto, algo inusitado surpreendeu-os. Ao fazerem uma curva, encontraram à frente dois caminhões emparelhados. O motorista de um deles, fazendo uma ultrapassagem incorreta e criminosa, invadira a pista contrária... Roberto só teve tempo de gritar:

– Álvaro vá para o acostamento...

O amigo, com destreza, jogou o veículo para o acostamento, no entanto, não contava que o motorista irresponsável faria o mesmo. A colisão foi inevitável e de grande proporção. O veículo onde estavam os dois sócios praticamente entrou debaixo do caminhão.

A porta do passageiro abriu na colisão e o cinto de segurança não ofereceu resistência suficiente para segurar o corpo de Roberto, que foi lançado com violência para fora, enquanto Álvaro ficou preso nas ferragens.

O motorista do caminhão que causara o acidente, com receio de assumir a responsabilidade por sua atitude negligente, fugiu sem prestar o socorro necessário às vítimas. O atraso foi fatal para Álvaro, que desencarnou no local, e também para Roberto, que, devido à quantidade de sangue perdida pelos diversos ferimentos, chegaria ao hospital sem vida.

Capítulo 05

Socorro necessário

Os parentes e amigos na dimensão espiritual se movimentaram em caráter de urgência para socorrer Roberto e Álvaro. Os dois se encontravam inconscientes, e foram encaminhados à instituição de assistência especializada para acidentados.

Apesar de os amigos sempre terem sido pessoas éticas, responsáveis e cumpridoras de seus deveres, devotadas ao trabalho e à família, chegavam ao plano espiritual traumatizados. Por manterem as questões espirituais no campo meramente social, demandariam maior prazo para serem esclarecidos sobre a nova fase da vida.

Naturalmente, dentro do amor do Pai, todos são atendidos, a violência não faz parte de suas Leis, e o indivíduo é esclarecido de acordo com o grau de sua compreensão. Senão, como seriam tratados os nossos irmãos que na presente existência não aceitam a vida após a morte, ou aqueles que, mesmo aceitando a sobrevivência do Espírito, desenvolvem apenas uma acanhada visão sobre a maneira como se processa a continuidade da existência?

E os imediatistas apegados às questões materiais ilusórias? Qual destino os aguardaria?

Contudo, a bondade infinita do Senhor abriga a todos, sem exigência de entendimento imediato, como Jesus exemplificou quando de seu momento supremo na cruz, ao afirmar que estávamos longe de saber o que estávamos fazendo. Logo, como verdadeiras crianças espirituais, recebemos de acordo com a maturidade ou a falta dela.

A notícia chegou às famílias como um choque de

enorme proporção. A aceitação ainda muito incipiente das verdades espirituais levou a maioria dos envolvidos ao supremo desespero.

Júnior, um tanto mais ponderado, recebia de sua mentora espiritual a inspiração adequada para amenizar o impacto tanto em seus familiares como em seu amigo, para que o controle pudesse ser razoavelmente mantido. No entanto, por lidar com os aspectos religiosos de forma semelhante à de seus familiares, ele bloqueava mentalmente grande parte da assistência que lhe era dirigida.

Sua mentora, Alzira, analisando a situação descontrolada, solicitou auxílio direto à instituição à qual se mantinha vinculada na dimensão espiritual, no que foi rapidamente atendida pelo dirigente responsável:

– Alzira, que alegria em revê-la. Recebi o seu recado e estou à disposição. Como posso auxiliá-la?

– Obrigada por me receber, Giuseppe. Trata-se de meu tutelado, que, diante das difíceis provas pelas quais vem passando, está se deixando levar por emoções desequilibradas, bloqueando a maior parte da assistência prestada.

– Entendo sua preocupação. Ela de fato faz todo sentido. Como somos responsáveis por esses dois grupos familiares, que partiram daqui para a presente experiência, estou designando Clarissa e Clemente, nosso jovem estudante, para acompanharem você e Jeremias no atendimento imediato. A propósito, Alzira, você já falou com o Jeremias?

– Rapidamente, informando que viria tratar do assunto com você. Todavia, o mentor de Caio disse-me que seu pupilo não aceita qualquer sugestão de sua parte, ou melhor, foram poucas as vezes que aceitou alguma delas...

– Infelizmente... O envolvimento de Caio com entidades desequilibradas se acentua a cada dia, apesar do esforço do seu mentor em tentar reverter a situação. A liberdade de escolha é respeitada, mesmo que ela seja equivocada.

– Sim, Giuseppe. Mesmo assim...

– Bom... Vamos agora mesmo ao encontro de nossos irmãos, para tratarmos da nossa estratégia de abordagem em favor dos nossos queridos tutelados –orientou o dirigente.

Clarissa, Clemente e Jeremias já se encontravam reunidos em sala reservada na instituição, aguardando

Giuseppe e Alzira. Cumprimentaram-se breve e respeitosamente e iniciaram as tratativas relativas aos próximos movimentos em benefício dos grupos familiares.

Concluíram que o melhor a ser feito naquele momento, após a realização das exéquias, seria aumentar o trabalho de maneira a ocupar as mentes e os corações dos familiares envolvidos, não dando ensejo à manutenção prolongada da dor, evitando quadros depressivos e doentios, desnecessários naquela altura dos acontecimentos.

Quando encerrada a reunião, Clemente, que integrava o grupo na condição de aprendiz, perguntou:

– Amigos, se for conveniente, vocês poderiam me esclarecer a respeito do item central das nossas ações de assistência?

Clarissa adiantou-se informando:

– O trabalho sempre será o sagrado medicamento receitado pelo Mestre para todos nós, como podemos constatar nos registros do Evangelista João, em 5:17, quando Jesus ensina: "Meu Pai trabalha até agora, e eu trabalho também".

– Dessa forma, Clemente, vamos estimular os amigos, parentes e clientes a aumentarem a frequência ao restaurante durante os primeiros dias de atividades dos familiares de Roberto e Álvaro.

– Mas, forçaremos as pessoas?

– De maneira alguma. Simplesmente trabalharemos no campo da sugestão. A qualidade nos serviços prestados pelo negócio gerido por ambas as famílias já foi alcançada; a parte que lhes cabia, fizeram muito bem.

– Até neste aspecto a expressão popular é verdadeira, não, Clarissa?

– Sim, meu jovem amigo. Se eu captei bem, é esta: "Ajuda-te que o céu te ajudará". Aliás, esta máxima foi muito bem utilizada pelo Codificador em *O Evangelho Segundo o Espiritismo*, no seu Capítulo XXV – "Buscai e achareis". Inspiradíssimo, Allan Kardec coloca abaixo da frase mencionada o ensinamento do Cristo com o qual eu particularmente mais me identifico em relação à bondade Divina: "Pedi e vos será dado; buscai e encontrareis"...

– ..."batei e será aberto para vós. Pois todo aquele que pede recebe, e aquele que busca encontra, e ao que bate será aberto. Qual dentre vós é o homem que, pedindo-lhe pão o seu filho, lhe dará uma pedra? Ou, pedindo-lhe peixe, lhe dará uma serpente? Portanto, se vós, sendo maus, sabeis dar boas dádivas aos vossos filhos, quanto mais vosso Pai que está nos céus dará boas coisas aos que lhe pedem".

– Parabéns, Clemente. Vejo que você vem se aplicando nos estudos do Evangelho...

– Obrigado. Tendo Giuseppe como instrutor do meu grupo, só não aprende quem é muito resistente, para não dizer teimoso mesmo – respondeu Clemente, fazendo todos sorrirem.

Capítulo 06

Assistência fraterna

— Pessoal, falar sobre os ensinos de Jesus é buscar o exercício da autoiluminação, a começar pelas próprias palavras. Mas o dever nos chama... Vamos a caminho? – perguntou Clarissa.

– Imediatamente– responderam todos em uníssono.

Clarissa, Espírito de maior elevação, seria a responsável pela assistência aos dois grupos familiares, na tentativa de reverter os quadros dolorosos, que terminariam por atrair entidades inconscientes e mesmo aquelas que possuíam interesse em tirar proveito deste momento delicado, estimulando os reencarnados tendenciosos a reviverem situações que por vezes lutavam desesperadamente para conter.

Como exemplo, um irmão que tenha sido dependente químico em existência anterior, conforme o aprofundamento da necessidade de uso da substância que utilizava, pode em momentos de dor ou desespero receber sugestões de entidades vampirescas para consumir novamente o produto, crendo falsamente que desta forma irá aliviar a dor que momentaneamente o dilacera. É o desejo de anestesia que gera o retorno à dependência.

Caio, com o seu comportamento algo agressivo, era, entre outros, o mais fragilizado diante das circunstâncias, cuja administração escapava-lhe das mãos, e que não tinham solução imediata, o que se agravava por seu estilo ansioso.

Inspirações desequilibradas com objetivo de levá-lo ao maior consumo de álcool, que já ocupava certo lugar de importância em sua vida, eram recebidas intensamente.

O jovem amigo de Júnior acusava o calor da região na qual se localizava a cidade, no centro do estado de São Paulo, como desculpa para seu alto consumo diário de cerveja, aliado ao fato de estar em plena juventude – deveria aproveitar a vida ao máximo, conforme costumava repetir.

Na dimensão espiritual, este comportamento era condição propícia para o vampirismo aos poucos se acentuar, dando gradativamente maiores chances de controle para as entidades que procuravam sua companhia.

Os desencarnados mais astutos apostavam em Caio como um investimento promissor; atrás do álcool, aos poucos, surgiriam companhias que buscavam estimular o uso de outras substâncias e também de comportamentos inadequados, de desrespeito a si próprio e ao semelhante.

As entidades amigas, sob coordenação de Clarissa, chegaram rapidamente ao restaurante, onde estavam reunidos os familiares e alguns amigos mais íntimos dos recém-desencarnados, depois da realização do funeral. Encontraram Jeremias, que acompanhava seu tutelado, e o saudaram:

– Boa noite, Jeremias.

– Clarissa, amigos, sejam bem-vindos.

Em seguida à apresentação de Clemente para o amigo espiritual de Caio, a mentora perguntou:

– Como está a situação?

– Infelizmente, nossos irmãos obedecem aos parâmetros daqueles que não valorizam a realidade da vida, experienciando a religiosidade de aparência. Em outras palavras, muito próximos do desespero. Júnior está muito abalado. Caio, por sua vez, revoltadíssimo, e sua mãe, Izolina, à base de fortes calmantes. Quem se mostra um pouco mais acessível é Lily.

– Bem, Jeremias, vamos ver o que podemos fazer em favor do grupo, buscando confortá-los através da genitora do Júnior.

Clarissa, elevando seus pensamentos em sentida prece ao Criador, sendo acompanhada pelos demais, iniciou a emissão de energias em tons de rosa com nuances prateadas, que fluíam de seu centro cardíaco, envolvendo Lily suave e docemente em amor e paz; grande parte dessas energias se fixou no centro coronário da encarnada.

Em seguida, Clarissa passou para a fase de inspiração, que, apesar das dificuldades reinantes, Lily transmitiu dentro de suas limitadas possibilidades:

– Meus queridos, não podemos nos deixar abater diante desta nova situação que se apresenta. Roberto e Álvaro, contando com a colaboração de todos nós, dos funcionários, amigos e clientes, construíram e mantiveram a chama acesa de seus sonhos, que para concretizarem-se necessitaram de esforço constante. Quantas noites passaram, por vezes sem pregar os olhos, trabalhando duro para manter esta empresa funcionando? Não podemos, apesar do duro golpe sofrido, permitir que a dor se transforme em desânimo e colocar tudo a perder. É urgente que levantemos nossas cabeças, confiemos em Deus e façamos o melhor.

Após breve pausa, ela prosseguiu:

– Sei que não teremos condições de retornar às nossas atividades imediatamente, mas proponho reabrirmos nossas portas no máximo em dois dias. Não deixaremos que o sonho dos nossos amados se perca em um pesadelo de sofrimento doentio. Todos estão de acordo?

Os presentes responderam com um "sim" um pouco vacilante, contudo, estavam se colocando a postos para retomarem a saudável atividade do trabalho. Neste instante, a emoção tomou conta mais uma vez da interlocutora de Clarissa, interrompendo a comunicação.

A mentora, virando-se para os amigos, completou:

– Bem, o esforço inicial de motivação foi razoavelmente completado. Vamos nos preparar para as etapas seguintes, que provavelmente trarão grandiosos desafios.

Capítulo 07

Prece: medicina preventiva

O jovem aprendiz, querendo recolher mais algumas lições, aproximou-se de Clarissa, perguntando:

– Tinha certeza absoluta de que encontraríamos entidades envolvidas com algumas pessoas que estão presentemente reencarnadas. Todavia, não é o caso. Existe alguma razão para que isso não esteja ocorrendo?

– Muito boa a sua observação, Clemente. Aprimore

sua análise e verifique a aura de alguns dos presentes neste ambiente.

Clemente, concentrando-se mais adequadamente por alguns instantes, retornou informando:

– Noto que, entre os amigos e parentes dos familiares envolvidos diretamente no drama, as emanações energéticas tem potencialidade diferenciada. Emitem luminosidade e densidade mais sutilizada, dando características de ligação com esferas elevadas. Por que isso ocorre?

– Trata-se de recurso promovido pela prece sincera. Essas pessoas que apresentam a diferenciação áurica observada, independente de suas convicções religiosas, estão na grande maioria do tempo em oração pelas famílias e pelos recém-desencarnados, favorecendo com esta postura o afastamento de entidades desequilibradas, ao mesmo tempo em que influenciam positivamente os pensamentos dos familiares diretamente envolvidos com os últimos acontecimentos. Podemos ainda acrescentar mais...

– Mais, Clarissa?...

– Sim. As orações que fazem em favor de Roberto e Álvaro são energias poderosíssimas enviadas em direção à instituição onde se encontram para o atendimento necessário e são transferidas para eles como lenitivo, medicação e consolo. Os técnicos responsáveis pela assistência dosam estas energias, na medida do necessário, para cada paciente, promovendo melhorias incalculáveis.

– Além de proporcionarem os benefícios aos assistidos, aqueles que oram são os primeiros a ser envolvidos nas vibrações que emitem, correto?

– Muito bem, meu jovem amigo. Logo, essas energias operam não somente o bem-estar para a mente que ora, mas também as transferem para o perispírito e deste para o corpo físico, em forma de prevenção ou alívio de enfermidades, sejam elas de que natureza for, físicas ou espirituais. Estes itens que mencionei são apenas alguns poucos aspectos do benefício da prece. Foi exatamente por isso que Jesus recomendou que vigiássemos e orássemos. Orientou sobre a necessidade da vigilância de nossos pensamentos e da oração para o fortalecimento da criatura, diante de provas ou expiações, acrescentando ainda o direcionamento para os objetivos mais elevados do Espírito, esteja ele em que dimensão estiver. Quando nos conscientizarmos de que a prece é o veículo que proporciona felicidade, bem-estar e equilíbrio, ligando-nos diretamente ao Criador, amaremos mais e odiaremos menos. Enquanto não valorizarmos esse recurso de conexão com a nossa realidade espiritual e com as mentes mais elevadas, continuaremos a viver ao sabor das ondas, sem direcionamento. Para que não continuássemos como naus sem rumo, Jesus trouxe o seu Evangelho Redentor, não deixando de destacar em seus ensinos, durante sua passagem pelo planeta, o valor da prece em nossas vidas.

– Clarissa, então, podemos entender que os irmãos que vivem em desequilíbrio não retornarão ao convívio daqueles que os atraem?

– Clemente, o esforço é individual. Não nos esqueçamos de que semelhante atrai semelhante... Se as energias superiores não forem mantidas no ambiente pelos pensamentos equilibrados dos familiares de Roberto e Álvaro, irmãos psiquicamente enfermos ou voltados para interesses imediatistas, verdadeiros companheiros da desarmonia, retornarão ao convívio daqueles que os atraem. O processo não é mágico e tampouco injusto. A liberdade de escolha das companhias passa diretamente pelo nosso comportamento mental. Podemos fazer uma simples analogia: quando limpamos a casa onde residimos, não basta que seja uma única vez. Portanto, a manutenção é um imperativo, sendo a única maneira para nos defendermos dos elementos patogênicos que podem prejudicar a saúde, não é mesmo?

– Sim, Clarissa, sem dúvida...

– Então? Qual seria a diferença com a nossa casa mental?

– Entendo. Realmente nenhuma...

– A prece não somente é ligação ou socorro, mas acima de tudo manutenção preventiva, ou melhor, medicina preventiva para o Espírito – finalizou Clarissa.

Capítulo 08

Laços vibratórios

— Muito bem, Clemente... Agora tenho que retornar para minhas atividades em nossa instituição. Deixarei você a cargo de Alzira e Jeremias, para que possa acompanhar o desenrolar dos acontecimentos. Espero que seja bastante proveitoso este período para seu desenvolvimento e pesquisas.

– Com certeza, Clarissa. Muito obrigado pela oportunidade.

A mentora se despediu de todos com um abraço fraterno, envolvendo cada um dos trabalhadores em vibrações de sustentação e respeito.

Tão logo Clarissa partiu, Clemente, ansioso por novas lições, questionou:

— Jeremias, Alzira, quais serão os nossos próximos passos?

— Esta noite, visitaremos alguns dos clientes mais assíduos do restaurante, durante o desprendimento patrocinado pelo sono reparador, elevando não só o estímulo de suas presenças, mas também para que sugiram a seus amigos e familiares que frequentem o local – respondeu Jeremias.

— Com isso o faturamento irá aumentar, não? – voltou a perguntar o aprendiz.

— Este não é o ponto mais importante, se bem que necessário, para fazer frente às despesas emergenciais e inesperadas, que consumiram quase a totalidade dos recursos das famílias. As receitas alcançadas com o restaurante são suficientes para manter o negócio funcionando e arcar com os custos regulares dos seus sócios e dependentes. Porém, o que mais importa neste período será o aumento das atividades em si, conforme já explanado por nossa mentora. Nosso Pai supre nossas necessidades em todos os sentidos, quando nos dispomos a seguir o caminho do bem. O trabalhador sempre será digno do seu salário, conforme sabemos.

– Isto é verdade, Jeremias – contentou-se Clemente.

– Vamos aproveitar esse período em que os nossos irmãos estão reunidos para aplicar-lhes recursos fluidoterápicos, aumentando-lhes o ânimo diante dos desafios que os aguardam. Em seguida, faremos as visitas programadas.

Realizadas as operações magnéticas, nossos companheiros foram em direção aos lares previamente relacionados. Clemente, demonstrando curiosidade, adiantou-se:

– Como saberemos quem visitar?

Foi Alzira que gentilmente tomou a frente para atender o jovem aprendiz:

– Tudo se relaciona no Universo, meu querido amigo. Estamos todos ligados pelo amor de Deus. As pessoas que mais se importam com os irmãos a quem estamos atendendo criam laços vibratórios fraternos, que são no final os direcionadores para o nosso trabalho.

– São como os satélites enviando sinais para o GPS? – brincou Clemente.

– Feliz comparação, Clemente. Apesar de a instituição a que estamos filiados possuir os recursos de informação necessários, no caso em questão, as emissões magnéticas de nossos irmãos irão nos direcionar facilmente. Basta que nos concentremos na tarefa e receberemos os influxos gerados pelas mentes que se interessam pelo bem das famílias de Roberto e Álvaro. Simples assim. Em seus estudos atuais, você já analisou as questões relativas à obsessão, quando se trata da localização pelos assim chamados "algozes" em busca de suas "vítimas", não?

– Sim, Alzira. Através da sintonia existente. Padrão vibratório...

– Perfeito. Se funciona desta forma com irmãos em desequilíbrio, que dizer quando estamos orientados para o bem? O amor abre os canais de comunicação entre todas as mentes existentes no Universo. Quando emitimos um bom pensamento em favor de alguém, por vezes, não supomos o seu alcance. O mal é limitado, mas o bem se insere no seio do Senhor e irradia-se de maneira exponencial.

– Quanto poderíamos nos poupar de dissabores se prestássemos mais atenção em nós mesmos, não, Alzira?

– Por isso o ensinamento sempre atual do Cristo, anotado por Mateus em 5:27-28: "Ouvistes o que foi dito: Não cometerás adultério. Eu, porém, vos digo, que qualquer um que olhar para uma mulher com intenção impura, em seu coração, já cometeu adultério com ela".

– Atualíssimo, Alzira. Jesus ensina sobre a força do pensamento em cada um de nós, tanto para o bem quanto para o mal. Incrível que o Mestre já demonstrava essas nossas possibilidades há mais de dois mil anos, e muitos de nós, até hoje, não atentamos para uma verdade tão simples.

Capítulo 09

Bandeirantes da realidade espiritual

Os mentores de Júnior e Caio, acompanhados por Clemente, se dirigiram para a primeira visita. Tratava-se de um dos melhores amigos dos recém-desencarnados.

Durante o trajeto para a residência escolhida, Alzira esclareceu o jovem estudante:

– Encontraremos o nosso irmão Astolfo, companheiro de longa data, filiado também à nossa instituição. Apesar de a religião que professa na atual existência ser mais conservadora, não aceitando a comunicabilidade dos Espíritos, o conceito de reencarnação e outras realidades da vida, nosso irmão dispõe de lucidez absoluta quando está em desdobramento.

– Mas estes aspectos dogmáticos não influenciam de maneira contrária em sua disposição quando no estado de vigília?

– Importante a sua observação, Clemente. Não necessariamente. Muitos dos irmãos que reencarnam no seio de outras religiões possuem conhecimento suficiente e aceitação da realidade espiritual pela experiência e, como as consequências do processo reencarnacionista atuam na melhoria do ser, eles tornam-se verdadeiros faróis, renovando gradativamente a mentalidade dos companheiros mais arraigados no dogmatismo. Não o fazem por imposição. Simplesmente são os bandeirantes das realidades espirituais; eles vão aos poucos clareando os ensinamentos do Evangelho, que, por vezes, muitas criaturas arraigadas à letra veem sem enxergar.

– Neste quesito, atuou Jesus também, não, Alzira?

– Sim, Clemente. O Mestre não impôs a Boa Nova a ninguém, no entanto, plantou a semente, que iria gradativamente germinar, por ser uma verdade divina da qual não viveremos afastados eternamente, porque faz parte da nossa natureza.

– Chega um determinado momento em que a verdade existente no Evangelho ocupa em definitivo o espaço que lhe cabe em nossos corações, certo, Alzira?

– Ocupa o nosso coração todo, Clemente. Os ensinos de Jesus são aplicáveis em qualquer dimensão em que nos encontremos, pois antes de ser religião é a espiritualização do ser. Ligação da criatura consigo mesma e com o Criador. O Evangelho é definitivo e não passageiro em nós e será, um dia, o balizador de todas as nossas ações.

– Em qualquer terreno teremos a aplicação do Evangelho?

– Por que não, meu amigo? A moral e o amor não têm lugar específico para serem aplicados: quem ama, não traz em seu íntimo qualquer disposição para fazer diferenças. Quem assim age ainda está no terreno do exercício, necessitando maior esforço para consolidar a faculdade de amar.

– Poderíamos estender estes conceitos para relações de qualquer natureza? Comerciais, por exemplo?

– Naturalmente que sim. Todas as propostas ofertadas pelo Criador não são limitadas. Tudo é aprendizado e oportunidade para amar. Quem ama respeita, logo, é justo em tudo aquilo que se propõe a realizar.

– Faz sentido. Um dia, ninguém irá sequer pensar em tirar proveito ou beneficiar-se do prejuízo de outrem, não é, Alzira?

– Esse comportamento, Clemente, demonstra ainda a necessidade de evolução do Espírito. Se aquele que busca tirar vantagem soubesse o preço a pagar quando do despertar de sua consciência, preferiria estar na posição de perdedor.

– Concordo plenamente, Alzira, porque no final colheremos o fruto de nossa semeadura.

– No entanto, enquanto vivermos ilusoriamente, fugindo de nossa realidade íntima, buscaremos sempre alguém para responsabilizar pela nossa desdita. Somente a terapia sagrada do Senhor, conhecida por "tempo", nos despertará de nossa inconsciência, e aí, já exauridos pela dor, buscaremos, pela liberdade de escolha, a luz do amor em nós, em nossa divindade.

Dessa forma, Clemente, o Senhor, que nos ama indistintamente, nos oferece recursos em tempo integral, seja através das situações ou das pessoas que cruzam os nossos caminhos.

– Aí entram também os mencionados bandeirantes, não, Alzira?

– Que poderá ser qualquer um de nós, bastando, para isso, que nos candidatemos ao exercício pleno do amor ao semelhante.

Capítulo 10

Educação como prova de amor

— Jeremias, Alzira, meus amigos... Que bom revê-los!

— Astolfo... A alegria é nossa — retribuíram os mentores.

— Este é o nosso irmão Clemente, que está estagiando conosco, participando de atividades de campo como parte do programa de seu curso.

— Clemente, seja bem-vindo.

– Obrigado, senhor...

– Sem as formalidades do "senhor", Clemente, estou à disposição...

Jeremias, adiantando-se, expôs as solicitações de Clarissa, para o reforço necessário aos familiares de Roberto e Álvaro através da terapia do trabalho.

Astolfo ouviu atentamente. Em seguida, disse:

– A estratégia como sempre é simples, mas eficaz, sem dúvida. Regularmente, faço minhas visitas noturnas aos amigos recém-desencarnados, incluindo seus familiares. Confesso que o mero formalismo em religião, desprezando seu real sentido espiritual, me preocupa, principalmente, Jeremias, quando se trata de seu pupilo e suas companhias.

– É verdade, Astolfo. Tenho atuado inspirando-lhe ideias de renovação e manutenção de seus compromissos reencarnatórios, porém, com uma dose mínima de sucesso. Suas tendências em querer levar vantagem em tudo, desprezando valores morais, poderão conduzi-lo outra vez à bancarrota. É lamentável constatar que seus interesses convergem para o terreno das facilidades, com total desprezo pelo respeito ao semelhante, podendo inclusive comprometer seu relacionamento com o Júnior.

– Utilizando-me de uma expressão comum, Jeremias, a falta das rédeas mais curtas no período educativo, por parte dos pais, permitiu essa liberdade exagerada que o garoto vive. Recordo-me que fui seu intermediário inúmeras vezes em conversas com o Álvaro, quando no estado de vigília, informando que liberdade demais, para quem não tem maturidade espiritual, causa danos de difícil reparação.

– Sim, infelizmente, Astolfo. Peço sua permissão por um instante para responder as dúvidas de Clemente.

O jovem, que ouvia atentamente, ficou boquiaberto quando o mentor dirigindo-se a ele e esclareceu:

– Foi exatamente isso que você ouviu, meu amigo. Algumas vezes utilizei-me da boa vontade do nobre companheiro Astolfo, em processo inspirativo, visando despertar Álvaro para que em sua metodologia educacional fossem colocados maiores limites ao filho. Caio, via de regra, fazia o que bem entendia no período em que a educação dos pais possui influência preponderante.

– Até mais ou menos os sete anos, não, Jeremias? – perguntou Clemente.

– Exato. Claro que, depois desse período, o acompanhamento dos pais ou responsáveis deverá ter continuidade, porém, o garoto não era coibido em coisa alguma, tornando-se uma criança birrenta e desrespeitosa para com todos, pais, familiares e amigos. Não estou dizendo que a educação deva ser castradora, mas, sim, obedecer a aspectos do bom senso, preparando a criança para a vida, que nem sempre realiza nossos desejos. Identificando desde cedo as tendências negativas de nossos pequenos, precisamos auxiliá-los mostrando o caminho correto, muitas vezes dizendo "não".

– Que seu "sim" seja "sim", e o "não" seja "não", como ensinado por Jesus, correto, Jeremias?

– Perfeito, Clemente. Sem essa postura, perde-se a sagrada oportunidade de colocar as coisas em seu devido lugar. Aceitar todas as exigências dos filhos não é demonstração de amor para com eles, e sim educá-los para o respeito a si mesmos e aos semelhantes. Esta é a maior prova de amor que podemos ofertar, incluindo iniciá-los na religião professada pelos pais, não como imposição, mas com direcionamento. O Espírito sem Evangelho é o mesmo que o barco sem uma bússola para orientar o caminho. Bem, retornemos ao ponto de nossas solicitações com o irmão Astolfo...

– Jeremias, Alzira, vocês podem contar com a minha participação integral nesta tarefa. Não vou estimular ideais consumistas, mas solicitar aos amigos e frequentadores do restaurante que o visitem com maior regularidade, para apoiar os familiares de Roberto e Álvaro nestes momentos tão difíceis para os seus corações.

– Somos extremamente gratos a você, meu irmão. Que o Senhor abençoe o seu esforço – agradeceu a mentora.

– Obrigado, Alzira. Você sabe que para mim é uma honra servir.

– Bem, com a sua licença Astolfo, precisamos dar continuidade a nossas visitas – completou Alzira.

– Meus amigos, como disse inicialmente, estou à disposição, voltem quando quiserem. Por favor, transmitam as minhas recomendações à nossa irmã Clarissa e ao nosso mentor, o senhor Giuseppe.

– Serão dadas, Astolfo. Fique na paz de Jesus...

Capítulo 11

Atitudes constrangedoras

O serviço prosseguiu noite adentro, com o trio buscando estimular os amigos encarnados para o trabalho de sustentação aos familiares de Roberto e Álvaro.

Com as atividades encerradas, Jeremias sugeriu uma breve visita ao seu pupilo antes de retornarem à instituição assistencial.

Ao chegarem à residência de Caio, por volta das oito

horas da manhã, encontraram-no nos fundos do quintal, fumando um cigarro de maconha.

Clemente foi quem mais se impressionou ao ver a cena, não só pela maneira sôfrega com que o jovem fumava seu "baseado", mas pela trupe que se encontrava ao seu lado, participando do evento.

Um deles, que parecia comandar o grupo, de aspecto asqueroso, era quem mais tirava proveito, consumindo a maior quantidade das energias inerentes ao produto.

A entidade estava praticamente colada ao rapaz, dando a impressão em determinados instantes de que fumavam juntos, em um processo de vampirismo degradante. Nessa simbiose horrível, Caio envolvia e ao mesmo tempo era envolvido pelo desencarnado.

Os demais Espíritos tentavam aspirar o que sobrava, com grande dificuldade, o que promovia um ridículo jogo de empurra-empurra entre eles.

Por estarem em densidade perispirítica muito acentuada, não registravam a presença dos mentores e do jovem estudante.

Caio, que preparara um cigarro de pequeno tamanho, já alterado pelo consumo da droga, crendo estar conversando consigo mesmo, disse:

— Esta "erva" não é de boa qualidade, parece palha... Vou precisar enrolar outro "fino", para ficar "bem"...

Estava na verdade recebendo ordens diretas da entidade espiritual, que naquele instante praticamente comandava a vontade do jovem. O efeito da droga era diminuído com a divisão entre o fumante e os demais vampiros.

Clemente, dirigindo-se a Jeremias, perguntou:

— Podemos fazer alguma coisa para amenizar os danos ou parar esta situação desagradável?

— Podemos e iremos fazer. Para isso, necessitamos adensar o nosso corpo espiritual, para sermos notados e podermos atuar diretamente neste quadro repulsivo.

— Ao nos ver, estes pobres irmãos poderão querer nos agredir?

— É possível, mas estaremos preparados para qualquer surpresa, Clemente. No serviço do bem, tomamos as devidas precauções. Não podemos temer o mal, para que não nos acomodemos diante do problema, permitindo que o erro ganhe maior expressão. Enquanto cuido diretamente de Caio, você poderá auxiliar Alzira a afastar momentaneamente as entidades que envolvem o meu protegido.

Assim que os três foram vistos pelo grupo obsessor, iniciou-se uma verdadeira confusão. Alguns Espíritos recuaram ao ver que o trio literalmente tomava forma diante deles.

Uma das entidades, a mais impressionada, gritou:

– Fantasmas... Fantasmas...

Aquele que se postava como chefe não se impressionou e gritou:

– Cale-se, seu idiota. Não são fantasmas. Devem ser os conhecidos do nosso amiguinho. Não há o que temer...

Alzira adiantou-se elevando seu pensamento em prece, solicitando a proteção de Jesus para que o atendimento fosse realizado.

Imediatamente, luzes do alto envolveram os três amigos, criando verdadeiras cercas eletromagnéticas, afastando e ao mesmo tempo não permitindo a reaproximação dos infelizes irmãos, que, entre o temor e a revolta, dirigiam impropérios para os mentores.

Clemente olhou para Alzira e foi atendido antes de expressar a sua indignação.

– Não entre na mesma vibração deles, meu amigo. Esses nossos irmãos estão enfermos e a maneira como se expressam demonstra a profunda revolta que carregam em seus corações. Precisarão de longo tempo para que a terapia do Evangelho surta efeito e amenize as suas dores. A indignação de nossa parte somente irá fortalecer ainda mais o quadro desequilibrado. Mantenhamo-nos em prece, para que a sustentação do nosso despretensioso trabalho não sofra.

– Sim, Alzira. Obrigado pela orientação.

Enquanto a turma mantinha-se à distância, Jeremias, aproximando-se de Caio e utilizando de pequena porção de ectoplasma que era emitido pelo seu pupilo, promoveu um movimento brusco nas mãos do rapaz, que iniciava o preparo do "baseado", fazendo com que a "erva" toda caísse e se espalhasse pelo chão.

Caio, já bastante alterado pelo consumo da droga e irritado consigo mesmo, esbravejou:

– Droga! Perdi a erva que me restava... Maldição!

Jeremias, aproveitando-se de sua indignação, imprimiu energias no centro de força gástrico do rapaz, com movimentos rápidos e circulares.

Imediatamente, Caio sentiu um enjoo acentuado e novamente disse para si mesmo:

– Fumar de estômago vazio parece que me fez mal.

Hoje realmente não é o meu dia... Bem, vou para o restaurante, antes que mais alguma coisa me aconteça. Que coisa!

Jeremias aproveitou-se dos efeitos que a droga produz no cérebro do usuário, ao influenciarem sua organização perispirítica e abrir o canal das percepções extrassensoriais – via de regra para imagens e quadros desequilibrantes, pelo padrão vibratório característico desses produtos –, e atuou no centro de força coronário e frontal de Caio, para ampliar-lhe a clarividência.

Apresentando-se diante do jovem, recomendou:

– Caio, preste atenção naquilo que você semeia em sua vida. Padrões felizes ou infelizes são plantios de responsabilidade de cada um. Analise suas atitudes para que o arrependimento não seja tardio.

O rapaz, diante do inesperado, disse em voz alta:

– Cara, essa "erva" é muito "louca". Estou vendo coisas! Que maluquice...

Assustado, retirou-se rapidamente do local.

Capítulo 12

Intervenção oportuna

— Vejam, o nosso "canudo" está indo embora. Vamos segui-lo... – ordenou a entidade que comandava o bando.

Jeremias interveio imediatamente:

– Alto lá. Hoje ninguém irá acompanhar o Caio.

– E quem irá nos impedir? Você? – retrucou o chefe, gargalhando estridentemente.

– Não tenho esta pretensão de agir sozinho. Serão

impedidos pelo amor do Pai, através das vibrações que cercam o jovem neste instante. Caso tentem a aproximação, serão repelidos imediatamente.

— Querem saber, seus "metidos a santos"? Não precisamos entrar em confronto com vocês, porque no final o seu protegidinho acabará nos atraindo novamente. Aquilo lá não é flor que se cheire, ou melhor, é "canudo" que utilizamos para cheirar. Há, há, há...

Virando-se para a turma que o acompanhava e que ria de forma inconsequente, fazendo um ridículo coro desequilibrado, gritou:

— Vamos embora. Deixem os "santinhos" protetores ficarem com aquele pretensioso por algumas horas. De uma maneira ou de outra, voltaremos a comandar o trouxa.

Assim que se retiraram, promovendo verdadeira algazarra, Clemente dirigiu um olhar interrogativo para os mentores. Foi prontamente atendido por Alzira:

— As suas dúvidas poderão ser esclarecidas agora, meu jovem.

— Inicialmente, não atentamos contra a liberdade de Caio, quando impedimos que ele continuasse consumindo o produto de seu interesse, com os acompanhantes de sua escolha?

– Você se refere ao fato de Jeremias ter promovido a intervenção direta, fazendo com que a droga que restava fosse perdida?

– Sim, e também a questão das companhias.

– Quando estamos diante de um enfermo e temos a medicação para aliviar-lhe a dor, o que seria mais racional?

– Ministrar-lhe o lenitivo, Alzira.

– Muito bem. As cenas que se desdobraram diante de nós poderiam ser minimizadas por nossa atuação solidária?

– Creio que sim... Mas, e o livre-arbítrio?

– Tinha certeza de que você chegaria a este ponto. O que faz o cirurgião diante do acidentado, Clemente? Demonstra preocupação com os incômodos a que o paciente irá se submeter durante o procedimento médico ou simplesmente atua para salvar-lhe a vida ou amenizar-lhe a dor? Livre-arbítrio pleno é para quem possui consciência de si mesmo, conhecendo-se e atuando conforme a ética ensinada por Jesus em seu Evangelho, ou seja, liberdade total é para quem possui maturidade espiritual.

– Faz sentido... Tenho mais uma pergunta, posso?

– Deve, meu amigo.

– Pelas minhas observações, Caio saiu envolvido pelas vibrações superiores que foram emanadas do Alto, associadas às nossas energias magnéticas, contudo, sabemos que a manutenção dessas energias tem relação direta com a atitude mental do indivíduo. Em questão de minutos, ele retornará ao seu padrão convencional, atraindo as entidades que se afinam com suas atitudes. O que irá mudar? No que efetivamente nós contribuímos?

– Clemente, conforme sabemos, toda ação é geradora de uma reação. Nas questões relativas ao bem, nada, absolutamente nada é desperdiçado.

– Após os efeitos nocivos da droga que utilizou, as impressões registradas por Caio, através da intervenção do nosso irmão Jeremias, atuarão de maneira positiva, fazendo que ele medite um pouco sobre o ocorrido. Isso poderá, ao longo do tempo, reduzir-lhe a ânsia pelo consumo da droga e do álcool, alterando seu comportamento para melhor. Claro que, no final, a responsabilidade direta é dele, assim como a escolha do caminho e o tempo que será dispensado para trilhá-lo. Recordemos Jesus. O Mestre não encontrou resistência da grande maioria em relação ao seu Evangelho?

– E como, Alzira...

– No entanto, Ele deixou de nos trazer a salvação pelo autoconhecimento por sermos ainda rebeldes à solidariedade e ao amor por nós mesmos e pelos nossos semelhantes?

– De forma alguma...

– Então, como poderemos deixar um irmão que sofre na enfermidade da ignorância continuar no processo da dor, tendo o remédio do amor em nossas mãos?

– Isto seria falta de caridade, Alzira.

– Parece-me que você entendeu, não?

– Sem dúvida. O fato de oferecermos um simples pedaço de pão ao faminto não significa que teremos resolvido a questão em definitivo de sua carência, porém, sua necessidade será pelo menos minimizada naquele instante, podendo desta forma ampliar-se seu discernimento. Isso o valoriza como ser humano, pois lhe oferta a possibilidade do raciocínio um tanto mais lúcido, coisa que o desespero da fome impede. Oferecemos a possibilidade da dignidade, como filho de Deus que é, como todos nós.

– Excelente, Clemente. Analogia simples e lógica – comemoraram Alzira e Jeremias.

– Sou grato aos professores que estão me orientando em meu estágio – completou Clemente.

Alzira e Jeremias, dentro da humildade sincera, responderam ao mesmo tempo:

– Nem tanto, Clemente, nem tanto...

Capítulo 13

Fascínio

Os contatos entre Júnior e Luciana, muito mais por insistência dele, intensificaram-se após as exéquias de Roberto. A jovem retornaria, nos dias seguintes, de suas férias na Europa, que fizera em companhia dos familiares, e isto seria um alívio para o rapaz.

Sem dúvida, seria um ponto de apoio importante em instantes tão difíceis como era a partida inesperada e traumática de seu pai para o plano espiritual.

Luciana não estava tão motivada com o relacionamento como se mostrava Júnior. Moça mais experiente, já havia namorado outros rapazes, às vezes, somente pelo sabor das emoções passageiras.

Muito diferente de Júnior, que era imaturo com as emoções patrocinadas pela paixão, embalando sonhos um tanto infantis e sem muito sentido.

A moça demonstrara a princípio certo interesse, até mesmo por curiosidade, todavia, a distância que separava os dois jovens era gigantesca, não só em formação, mas, sobretudo, nos valores tradicionais da família da moça.

O preconceito com pessoas de nível social inferior ao do seu pai e dos demais membros de seu círculo social eram devidamente disfarçados, mas os pais de Luciana queriam para a filha um casamento de interesse, com gente de influência. A felicidade conjugal seria conquistada com o passar do tempo, na convivência com o futuro marido. O mais importante era a manutenção do *status*.

O grupo espiritual ao qual a jovem pertencia estava vibratoriamente de acordo com esses valores. Tratava-se de Espíritos que insistiam em manter a fome de poder e posição social ao longo de várias reencarnações.

O fascínio pelo reconhecimento público por vezes atua como uma auto-obsessão, em condição análoga à hipnose, em que o magnetismo do próprio Espírito, esteja ele na dimensão em que estiver, neutraliza de tal forma o bom senso, que leva o indivíduo aos mais sérios comprometimentos. Somam-se a isso as companhias que são atraídas por interesses semelhantes, aprofundando a patologia. O fascinado é um doente, com dificuldades extremas de reconciliação com a sua realidade espiritual, de origem divina, logo, "boa" na essência.

Vivendo distante do amor, que se constitui em alimento para o Espírito, o paciente da fascinação vive, seja no plano físico ou espiritual, o deslumbramento de si mesmo, tal qual a figura mitológica de Narciso. Para o retorno à sua real identidade interior, reencarnações e experiências dolorosas o aguardam, onde seus acompanhantes continuarão envolvidos na trama, até que se conscientizem de sua verdadeira origem, que é a espiritual.

No grupo a que Luciana pertencia, ela era quem dava menos importância ao sobrenome e à posição social, entretanto, Espírito ainda frágil, como todos nós, a influência dos demais componentes estimulava fortemente para que o trabalho de reformulação fosse postergado. Ela havia preparado conscientemente suas provas neste quesito, mas as facilidades da vida, apresentadas pelo dinheiro farto e o reconhecimento da sociedade, sendo aliados de sua inteligência e beleza física, novamente dominavam suas propostas como Espírito imortal.

Hoje, o bom senso e o interesse no gerenciamento do poder em favor da comunidade ainda são atributos de poucos, sendo reservadas para o tempo e a evolução do Espírito as mudanças necessárias. À realidade de que somos fruto, ao sairmos simples e ignorantes, retornaremos um dia, com a sabedoria e o amor solidificados em nós; do Criador saímos e para Ele retornaremos, individualizados e centrados em um só foco: amar ao próximo como a nós mesmos, conforme o segundo e mais importante mandamento, sintetizado por Jesus.

Capítulo 14

Postura desrespeitosa

Alguns dias após o retorno de Luciana, em uma segunda-feira, a jovem, querendo surpreender o "namorado", resolveu visitá-lo no restaurante. Júnior estava fora, encarregado das compras para o abastecimento dos produtos frescos que seriam utilizados durante a semana.

Quem a recebeu foi Caio. Ao vê-la, encantou-se com a beleza escultural da moça.

Sendo ele um Espírito com desvios acentuados da sexualidade, deixou-se dominar pelas sensações lascivas, olhando para Luciana como o predador que analisa a presa. Tão logo se apresentou a jovem, com seu estilo galanteador ele passou a insinuar-se.

Possuía um magnetismo envolvente, herança de outras existências, conquistado pelo exercício constante na busca pela satisfação sexual primitiva. Exercia sobre mentes desprevenidas um assédio hipnotizante, muito próximo dos assim chamados "magos" do passado, que se utilizavam do magnetismo desenvolvendo técnicas para enganar pessoas honestas, mas imprevidentes.

Desrespeitando a ausência do amigo, Caio se desdobrou em gentilezas, exercendo todo o seu carisma.

Luciana, por sua vez, não tendo grandes expectativas em seu relacionamento com Júnior, desejava usufruir de sua juventude de forma emocionante, intensa, sem responsabilidades. Tocada pela afinidade vibratória que encontrara em Caio, deixou-se rapidamente envolver pelo cortejador.

Caio, em sua mente irresponsável e doentia, acreditava que demonstraria ao amigo, e agora sócio direto no empreendimento, que ele daria as cartas. Júnior deveria se contentar em obedecer a suas ordens, como sempre acontecera desde a infância, quando partilhavam jogos e brincadeiras.

Caio mantinha tendências com resquícios do mando, crendo que a maioria das pessoas nascia para ser solenemente dirigida, por tratar-se de criaturas apáticas, sem inteligência e condições de usufruírem os prazeres que a vida poderia proporcionar. Para ele, Júnior encaixava-se exatamente neste perfil.

Enquanto mantinha sua conversa com Luciana, interiormente se questionava: "O que poderia querer esta 'beldade', cheia de energia, exalando sensualidade, com o Júnior, que é um pacato por natureza?".

Com pensamentos a que faltavam as noções mínimas do respeito, principalmente na ausência do amigo, nem sequer notou que Júnior entrara no restaurante.

Ao ver Luciana e Caio aos risos, Júnior buscou disfarçar sua indignação, dizendo:

– Pelo que vejo vocês já se conheceram e se tornaram amigos rapidamente, não?

A jovem, surpresa e algo aturdida, respondeu:

– Querido, esperávamos por você. Que alegria revê-lo.

Trocaram um abraço e um beijo discretos, sob o olhar invejoso de Caio, um mestre na arte do cinismo, que, sem alterar-se com a observação do amigo, disse:

– Você não acha que eu iria te decepcionar, deixando de ser uma companhia agradável para sua namorada na primeira visita que ela nos faz, não? Qual a impressão que ela teria do seu melhor amigo?

Júnior não deu importância para as palavras de Caio, evitando qualquer gesto desagradável. Entre indignado e ciumento, querendo dar o troco, falou em tom de brincadeira:

– Está bem, espertinho... A *pick-up* está lotada, você poderia descarregá-la?

– Claro, amigão. Não vamos deixar Luciana sozinha, não é?

Caio, espumando de raiva, mas, disfarçando ao máximo sua contrariedade, solicitou que um dos funcionários o auxiliasse no trabalho, enquanto dizia para si mesmo: "Esse cara me paga, me fazendo passar por otário na frente da namoradinha"...

Pensamentos lascivos, unidos ao comportamento inadequado de Caio, atraíam novamente a companhia das entidades desequilibradas, interessadas em suas aventuras infelizes. Apesar do auxílio de seu mentor, o poder de atração que exercia nos Espíritos inconscientes ou voltados para os gozos imediatos era impressionante, isto porque o mesmo magnetismo com que buscava envolver pessoas para os seus interesses funcionava como grande polo de atração também para os desencarnados. Jeremias tinha pleno conhecimento do problema, mas, acima de tudo e apesar de pequenas interferências, não podia desrespeitar o livre-arbítrio de seu protegido.

No final, prevaleceria a lei de atração entre aqueles que se assemelham, cabendo aos mentores e amigos espirituais o recurso da prece, para que um dia a luz se fizesse na criatura e despertasse-a para a realidade da vida, que está sustentada no amor e no interesse direto do servir.

Capítulo 15

O veneno da serpente

Júnior deixara-se envolver de maneira tão apaixonada e desgovernada, sem controle de suas emoções, que não percebeu que a visita de Luciana tinha um tom antes de cordialidade que de efetivo interesse no relacionamento.

Para o jovem sonhador, a visita de Luciana representava a glória, a confirmação de seu interesse por ele. Entretanto, para a moça volúvel, os instantes na companhia do incauto rapaz, além de incensarem seu ego, eram apenas um deleite para o seu orgulho e vaidade.

Não demorou muito para a jovem se despedir, apesar dos protestos de Júnior para que ficasse mais um pouco. A desculpa de Luciana foi a de não causar preocupação aos seus pais com a viagem empreendida, que, apesar da curta distância, oferecia maiores riscos em horário mais avançado.

O casal despediu-se friamente, com reservas expressivas por parte dela. No entanto, Luciana dirigiu para Caio um olhar bastante significativo. O amigo de Júnior, muito astuto, percebeu no ar certa oportunidade.

Júnior, em sua inocência, sequer notou que Luciana despertara interesse no amigo. Afinal de contas, para ele, Caio nunca agiria no intuito de prejudicá-lo ou de fazê-lo infeliz, em virtude dos laços que os uniam.

A amizade é um bem precioso para o Espírito, independentemente de sua consciência sobre a importância deste verdadeiro patrimônio que levamos para toda a eternidade. Ela possuía fundamentos sólidos nos valores cultivados por Júnior, entretanto, Caio, apesar de manter longo relacionamento com o amigo, buscava antes de tudo satisfazer seus desejos e anseios. Uma coisa era nítida em seu caráter calculista: a amizade era importante enquanto houvesse interesses ou enquanto ele pudesse levar algum tipo de vantagem, caso contrário, ela acabaria assim que os interesses terminassem.

Esses eram aspectos em concordância com um caráter débil e aproveitador, de um Espírito ainda imaturo, que necessita adquirir grande aprendizado para entender e valorizar os verdadeiros tesouros a serem acumulados na vida, conforme ensinamento do Mestre Jesus: "Não ajunteis tesouros na Terra"...

Caio encontrava-se desajustado em relação a esse luminar ensino do Cristo; seus tesouros eram ainda os da cupidez, do imediatismo e do oportunismo, mantendo, aferrado à sua própria lógica, um coração empedernido e em trevas.

Atendendo suas características sórdidas, aproveitou a distração do amigo para remexer em sua agenda buscando o telefone de Luciana. Acabou alcançando seu intento e anotou o número, com o propósito maquiavélico de entrar em contato com a moça tão logo fosse oportuno.

Por adorar aventuras, e estimular-se pelo gosto do proibido, a ansiedade de Caio foi aumentando com o passar dos dias. Luciana tornou-se sua obsessão. Seus pensamentos projetavam as mais diversas fantasias com a moça, fornecendo material para as entidades que o acompanhavam em regime de consórcio, estimulando seu desejo de possuí-la. Para o séquito de infelizes, a continuidade dos interesses do rapaz garantiria diversão certa no capítulo da sexualidade descontrolada. Um mundo de sensações corporais se desenhava adoravelmente em seus conceitos inferiores.

Sendo uma criatura incontida em seus desejos, iniciou sua estratégia de desestabilização dos sentimentos de Júnior alegando que a jovem não demonstrava interesse real em sua pessoa. Como era possuidor de maior experiência nestes assuntos, notara que o amigo estava perdendo seu precioso tempo com uma "aventureira" ricaça e orgulhosa, que adorava homens rastejando aos seus pés.

Guardadas as devidas exceções, de certa forma Caio não dizia uma inverdade, todavia, os seus alvitres acobertavam seus reais propósitos. Quanto mais o encanto de Júnior pela moça fosse quebrado, maior possibilidade Caio tinha de alcançar seus intentos.

Passados alguns dias, percebeu que seu veneno

começara a surtir efeito. Júnior já não falava tanto a respeito de Luciana, e seus telefonemas começaram a rarear. Como nos finais de semana o movimento do restaurante era mais intenso, as visitas à jovem tornavam-se praticamente inviáveis.

Foi quando a cascavel preparou seu bote. Certa manhã, Júnior saiu às compras para o abastecimento do restaurante e Caio resolveu ligar para Luciana.

Com seu jeito descontraído e alegre, como a serpente que encanta a sua vítima, foi destilando seu charme sobre a moça, que, envolvida pelos seus elogios, acabou cedendo ao insistente convite para se encontrarem. A proposta de Caio era para que se conhecessem melhor, uma vez que ela não saíra de seus pensamentos desde que a vira. Dizia ter plena certeza de que uma força maior aproximava seus corações para uma amizade sincera...

Dizia saber do relacionamento entre seu melhor amigo e ela, no entanto, não podia esconder seus reais sentimentos. Por sua vez, ela, que não nutria grandes expectativas em compromissar-se com Júnior, acabou cedendo aos pedidos do galanteador.

Marcaram um encontro para o final da tarde do dia

seguinte. Caio disse que arrumaria uma boa desculpa para ausentar-se do trabalho e viajar até a cidade em que Luciana residia, e quem sabe eles poderiam esticar mais o tempo e jantar juntos.

No plano espiritual a algazarra se consolidou entre os Espíritos que acompanhavam o afilhado de Jeremias, que imediatamente chamou Alzira e Clemente para acompanhá-lo, no sentido de demover Caio de seu desventurado projeto.

Os mentores amigos acompanhavam os dois rapazes, porém, seus pensamentos imediatistas e inconstantes literalmente afastavam as inspirações de ordem superior. Lamentavelmente, a dor por vezes é o único medicamento para os Espíritos que se afastam opcionalmente do bem e da verdade.

Capítulo 16

Verdadeira traição

Caio, extremamente dissimulado, arrumou uma desculpa para o amigo a respeito de sua ausência ao trabalho no dia seguinte. Precisava resolver alguns assuntos pendentes que seu falecido pai deixara; por residirem em uma cidade pequena, ele queria evitar qualquer referência desagradável à memória de seu genitor e mesmo alguma retaliação contra o negócio que ambos estavam gerenciando...

Sua hipocrisia era tamanha, que chegou ao cúmulo de maldizer uma pessoa ou outra, taxando-as como mexeriqueiras e intrigantes.

Inteligentemente, escolheu um momento de grande movimento no restaurante para informar o sócio, que, atarefado, deu seu apoio, dizendo ainda que, se fosse preciso, ele estaria à disposição para auxiliar.

A ridícula trama era acompanhada pelos mentores amigos, juntamente com Clemente, que se espantava com a falta de consideração e verdadeira traição de Caio à amizade sincera de Júnior. Dirigindo-se a Jeremias e Alzira, perguntou:

– Nós podemos fazer alguma coisa? Interferir, por exemplo? No seu caso específico, Alzira, talvez alertar Júnior sobre o que de fato está ocorrendo?

A mentora, fazendo uso da palavra, informou:

– Tomaremos providências respeitando a liberdade de cada um dos envolvidos. Em relação ao possível alerta ao meu protegido, necessitamos utilizar de cuidados e de muito bom senso. Mentores não são estimuladores de desavenças ou comandantes de seus tutelados. Criar a desconfiança em Júnior poderá causar um desentendimento entre os rapazes, o que estamos querendo evitar de todas as maneiras. Atuaremos diretamente em Caio, dentro do possível, sem, todavia, interferir diretamente em suas decisões.

– Alzira, desculpe a insistência neste ponto, porém, da maneira que o cenário se desenvolve, não será possível termos desdobramentos desagradáveis?

– Possível, sim. No entanto, não nos esqueçamos da responsabilidade em conduzirmos nossas vidas. Caso tomássemos as decisões de nossos tutelados em nossas mãos, não estaríamos violentando a liberdade que o Senhor nos faculta como ponto essencial de sua justiça? Não foi esse um dos tantos ensinos de Jesus, sobre as nossas deliberações? Recordemos, na anotação de Mateus, 16:27: "A cada um segundo as suas obras".

– Todavia, é tão doloroso assistir a quadros desta natureza, sem querer tomar partido...

– Entendo sua ansiedade, Clemente, porém, não podemos agir em nome do amor, faltando com a regra básica do respeito ao direito do semelhante. Antes de tudo, busquemos compreender a condição evolutiva em que nos encontramos, para não colocar nossos valores como fiel da balança. Logicamente que existem restrições nas Leis de Deus, caso contrário, o Universo viveria sem ordem, contudo, a própria evolução do Espírito já o restringe dentro de seu mundo individual. No caso de coletividades, isto também se aplica, porque serão os semelhantes vibratória e evolutivamente que estarão convivendo. Vamos, por agora, deixar que o nosso irmão Jeremias tome as atitudes que se façam necessárias.

– Obrigado, Alzira. Inicialmente, proponho o nosso adensamento perispirítico, não somente visando o momentâneo afastamento das entidades que circundam Caio, mas também para que ele possa receber com maior clareza as nossas recomendações – sinalizou Jeremias.

Após a prece e minutos de concentração, os Espíritos que acompanhavam o protegido de Jeremias puderam divisar os mentores amigos. O chefe do bando foi quem deu o alerta:

– Vejam quem voltou... Se não são os "anjinhos" protetores do nosso colega? Vamo-nos daqui agora mesmo, até porque, sabemos que não precisamos do confronto. Logo, logo, o nosso "canudo" vai nos chamar de volta. Rá, rá, rá...

Clemente, sentindo-se indignado, estava para dizer

algo à entidade galhofeira, quando Jeremias interveio:
— Controle-se, meu amigo. Não permita que a sua vibração desabe abruptamente. Lembre-se de que não podemos tratar a enfermidade com violência. A terapia para esses casos delicados é: "Tempo e prece intercessória". Diante da ignorância, recordemo-nos de Jesus quando se encontrava na cruz. O Mestre tinha pleno conhecimento do estágio primitivo em que nos encontrávamos e, dirigindo-se ao Pai, orou por nossa pequenez de entendimento, por amar a todos nós, incondicionalmente.
— Desculpe, Jeremias. Tem razão! "Eles não sabem o que fazem."
— Eu não, Clemente. Quem tem razão é Jesus. Aproximemo-nos de Caio para a nossa tentativa de auxílio
— respondeu Jeremias.

O rapaz estava inteiramente absorto em seus pensamentos, vivenciando as suas fantasias sexuais desequilibradas, com todo foco voltado para Luciana.

Aproveitando-se da oportunidade, Jeremias iniciou:
— Preste atenção, Caio. Você está criando um inferno para si mesmo, traindo o bem mais precioso que você possui nesta existência, que é a amizade de Júnior.

Respeite a confiança de um bom relacionamento como esse, para que as consequências não sejam dolorosas em seu futuro próximo.

Caio, acreditando que falava consigo mesmo, devolveu:

— O Júnior é um cara legal, mas não posso deixar aquela "tigresa" sem um domador de verdade. Afinal, ela vai mesmo dispensá-lo. Dá para ver que é uma questão de tempo...

— Diante de tão grave situação, não aja com irreverência, Caio. Você pode crer erroneamente que consegue enganar as leis dos homens, que visam garantir o direito de cada um, mas não irá ludibriar as Leis de Deus, que é a mesma para todos, até porque elas estão gravadas em sua consciência. Altere suas decisões enquanto é tempo — frisou Jeremias.

— Bobagem esse tipo de pensamento agora. Preciso aproveitar a minha juventude. Vou para casa me trocar para causar uma boa impressão em Luciana. Vou usar aquela camisa bacana...

Enquanto Caio fazia seus planos miseráveis, Jeremias, dirigindo-se aos amigos, disse:

— Vamos tentar um último recurso, utilizando do

próprio descaso que o Caio tem pelas coisas.

– O que podemos fazer? – questionou Clemente.

– Ele vive esquecendo de abastecer o veículo que utiliza. Por se tratar de uma viagem, pela lógica, irá olhar para o marcador de combustível. Providenciaremos para que ele mantenha sua atenção em vários assuntos ao mesmo tempo, deixando este item importante de lado, pelo menos, por um momento.

Enquanto Caio dirigia para sua casa, Jeremias insuflava-lhe pensamentos a respeito de seus genitores, parentes e conhecidos de sua família:

– Se o seu pai estivesse vivo, o que pensaria a respeito, caso soubesse do seu comportamento? E a sua mãe? Não seria para ela um profundo golpe saber da traição ao sócio e amigo de infância? E os frequentadores do restaurante? Os moradores da pequena cidade, como veriam seu comportamento desleal?

Caio tentava afastar os pensamentos positivos, que acreditava ser dele próprio, esforçando-se em divisar a figura de Luciana, para os seus deleites inferiores.

Chegou a sua casa, banhou-se e se preparou, sentindo-se um verdadeiro príncipe, olvidando completamente as questões relacionadas ao seu carro.

Depois de pronto, sentou-se ao volante dizendo para si mesmo:

– Me aguarde, tigresa, estou a caminho...

Não andou muitos quilômetros, quando o veículo acusou a falta do combustível, começando a falhar, até parar totalmente. Caio explodiu em impropérios:

– Maldição, mais esta agora! Este imprevisto vai me atrasar. Droga, como fui estúpido em não olhar o marcador...

Enquanto procurava alguém que pudesse auxiliá-lo, Jeremias voltou a insistir.

– Pense, Caio... Será que o acontecimento não está te prevenindo de circunstâncias piores? Ainda é possível voltar e esquecer esta aventura. Júnior é seu amigo, praticamente seu irmão consanguíneo. É de fato com quem você pode contar em sua vida. Retorne enquanto é tempo.

O jovem deu de ombros para os conselhos e rapidamente encontrou quem pudesse levá-lo a um posto de combustível mais próximo, para que o problema fosse sanado e ele chegasse ao seu destino irresponsável.

Capítulo 17

Reiteradas tentativas

A manutenção dos pensamentos desequilibrados por parte de Caio atraiu novamente as infelizes entidades com as quais o jovem convivia em regime de franca troca de vibrações.

Ao retornar ao seu veículo e abastecê-lo com quantidade suficiente para alcançar um posto de combustível, o jovem suspirou aliviado, porque, ao final, não havia perdido tanto tempo quanto supunha.

Na dimensão espiritual, o espetáculo era lamentável. Os desventurados acompanhantes dele se aboletavam em seu carro, ocupando não somente o interior, como também sentando-se sobre o teto, no porta-malas, ou agarrando-se nas portas. Dada a densidade de seus corpos espirituais, a gravidade planetária exercia neles um efeito muito próximo ao que ocorre com os encarnados. Precisavam se utilizar de transporte para se locomover e, naturalmente, não perder a festa tão aguardada.

Jeremias, voltando-se para os amigos, disse:

– Não temos mais o que fazer neste particular. Vamos ao encontro de Luciana, para tentar demovê-la dessa triste façanha.

Concentraram-se e logo em seguida seus perispíritos retornavam à sutileza anterior, permitindo a volitação. Rapidamente estavam na suntuosa mansão onde residia a jovem. Ao entrarem, analisaram o ambiente psíquico. Entidades desorientadas andavam de um lado para outro, sendo coordenadas por mentes sagazes, interessadas nas vibrações imediatistas emanadas pelos residentes.

Notava-se, pela matéria mental que impregnava o local, que a preocupação central dos moradores era o destaque social, poder, glórias e recursos financeiros avantajados.

Alcançaram a suíte de Luciana sem qualquer dificuldade, porquanto suas presenças não eram detectadas pelos desventurados irmãos.

O panorama apresentado nos aposentos da jovem não era diferente. Algumas entidades compartilhavam seus pensamentos ansiosos em relação às possibilidades de instantes prazerosos em companhia de Caio. As fantasias mentais eram praticamente idênticas àquelas mantidas pelo rapaz, em regime de permuta. O que era projetado na mente de Caio era totalmente absorvido por Luciana, que se deleitava com as imagens, fortalecendo-as e retornando para o rapaz, enriquecidas de toques mais picantes.

Os episódios se desdobravam, sendo captados pelos acompanhantes desencarnados com extremada volúpia, que com isso sugavam parte do fluido vital que mantinha tais cenas vivas por interesse de Luciana, ao mesmo tempo em que aumentavam o volume de sugestões relativas ao sexo sem compromisso.

Alzira, dirigindo-se a Jeremias, sugeriu que entrassem em contato com o mentor da jovem.

Após alguns instantes de concentração e prece, apresentou-se a entidade protetora de Luciana. Tratava-se de uma matrona, mas que se apresentava com muita simplicidade e tinha uma vibração de bondade encantadora.

Saudou o trio com o máximo respeito:

– Irmãos em Cristo, paz em seus corações.

Alzira adiantou-se dizendo:

– Senhora, somos companheiros interessados no bem de nossos tutelados, com extensão a sua protegida, buscando minimizar circunstâncias cujo final, conforme sabemos, poderá trazer dor e resgates desnecessários.

– Esperava mesmo que vocês viessem em meu auxílio. Meu nome é Quitéria e sou a bisavó de Luciana.

Após as rápidas apresentações, Jeremias pediu a palavra:

– Dona Quitéria, sou o mentor de Caio, que está a caminho para um encontro com a sua bisneta. Pelo comportamento mental que ambos mantêm, materializa-se o pior dos resultados, com o envolvimento irresponsável entre os jovens e a traição a Júnior, que é o melhor amigo de meu protegido. Tentamos impedir, dentro dos recursos possíveis, a visita do rapaz, porém, sem alcançarmos sucesso na empreitada.

– Saiba que, de minha parte, também venho trabalhando nesse sentido em caráter mais amplo, contudo, Luciana mantém vivas as tendências aventureiras de reencarnações anteriores, e seus pais, que são seus companheiros de longa jornada, indiretamente estimulam o comportamento da menina, porque estimulam valores materialistas, em que "os fins justificam os meios". Na política, o meu neto, pai de Luciana, vive de negociatas, com apoio da esposa. Esta é a razão do ambiente espiritual apresentar-se tão degradado e todos que nele se encontram tão blindados às sugestões de ordem superior.

– Entendo, senhora. De nossa parte, gostaríamos de juntar nossas forças e fazer uma última tentativa com a sua protegida. Pode ser? – perguntou Jeremias.

– Como não? Sou imensamente agradecida a vocês, em nome de Jesus.

O grupo entrou em oração, ao mesmo tempo em que adensavam seus perispíritos.

Quando chegaram à mesma frequência dos acompanhantes de Luciana, um deles, vendo-os, gritou apavorado:

– Assombração... Fujam, são aqueles fantasmas que querem nos prender...

A correria se generalizou, com os Espíritos saindo da suíte de Luciana em desespero. Muitos deles, alarmados pelos gritos, sem saber de fato o que estava ocorrendo, se deixaram contaminar pelas energias do pânico.

Enquanto Dona Quitéria aproximava-se de Luciana para orientá-la a buscar a sensatez, diante dos quadros que se desenhavam, Jeremias dava instruções para Clemente:

– Por favor, vá até o corredor e fique vigilante, porque aqueles que comandam essa turba não tardarão a querer tirar satisfação do que ocorre aqui.

– Certo, Jeremias, conte comigo.

Assim que Clemente saiu, Dona Quitéria deu início às suas ponderações:

– Minha querida, não permita que esse envolvimento que está prestes a ocorrer se materialize. Está em suas mãos quebrar as estruturas mentais que envolvem vocês dois. A sua negação em continuar tamanho disparate irá convencer o rapaz a não procurá-la outra vez. Lembre-se de que a sua força de vontade poderá neutralizar os anseios masculinos exacerbados de Caio.

Enquanto Dona Quitéria buscava alertar Luciana para o uso do bom senso, evitando maiores dissabores, Clemente entrou correndo no ambiente, informando Jeremias:

– Estão vindo. São dois grandalhões e uma senhora, trazendo cassetetes em suas mãos...

– Muito bem, Clemente. Não há o que temer. Vamos falar com eles.

O jovem Clemente, demonstrando inexperiência diante do mentor, replicou:

– Não sei não, Jeremias... Eles parecem que não vêm para conversar...

– Acalme-se, meu amigo. Todos nós temos uma capacidade em comum para evitar a violência, porque acima de tudo somos irmãos, filhos do mesmo Pai; só necessitamos manter a chama viva da fé para que a proteção divina se faça.

Antes de sair, Jeremias solicitou a Alzira que auxiliasse com suas preces, para que Dona Quitéria pudesse continuar seu trabalho junto à sua bisneta.

Ao saírem da suíte, depararam com as três figuras maltrapilhas, com demonstrações nítidas de que usariam de força física. A mulher, que parecia comandar os demais, interrogou aos brados:

– O que vieram fazer aqui, causando este alvoroço

todo? Esta casa é nossa, bem como seus moradores!

Jeremias, com tranquilidade, todavia de forma enérgica, advertiu:

— A senhora está enganada, porque nada aqui lhe pertence. Você é apenas uma invasora, que tenta intimidar-nos diante de nossa tarefa.

Um dos acompanhantes gritou:

— Zefa, esse sujeito, além de folgado, é um imbecil. Vamos cair de pau nele...

No exato instante em que o trio se posicionou para agredir Jeremias, que se postava à frente de Clemente, energias provindas do alto envolveram os três Espíritos, anestesiando-lhes os movimentos.

Foram ao chão, dobrando os joelhos como se fossem verdadeiros fantoches, sobre os quais o artista houvesse perdido o controle.

Jeremias solicitou o auxílio de Clemente para socorrê-los, buscando acomodar os pobres infelizes da melhor forma possível e transmitindo palavras de tranquilidade:

— Fiquem calmos, meus irmãos, esta sensação irá passar logo. Por favor, não reajam, para que a anestesia não se prolongue.

Em poucos instantes, os três foram voltando ao normal e, assombrados, fugiram rapidamente do local.

Jeremias, olhando para Clemente, disse:

– Já sei, você quer saber como foi possível?

– Claro...

– Alzira entrou em prece solicitando proteção, enquanto nós funcionávamos como vetores energéticos para que, em regime de associação aos fluidos provindos do alto, as entidades superiores que nos acompanham a distância pudessem agir, não permitindo que o ato violento se consumasse.

– Como é que eu fui um vetor, Jeremias? Eu estava morrendo de medo...

– Não seria possível você morrer de novo, Clemente – respondeu Jeremias sorrindo. – Exatamente por isso alertei sobre a manutenção da fé viva em nossos corações. A importância da confiança em nós mesmos e em Deus opera maravilhas, porque permite que as entidades angélicas trabalhem por nosso intermédio. A prece intercessória de Alzira aos nossos maiores uniu as energias dela própria às nossas; e, apesar de seu receio, você também acabou cedendo certa dose, e essa conjunção promoveu a proteção necessária.

– De nossa parte, com o ocorrido, nós não nos transformamos em agressores?

– Clemente, o que faz o facultativo diante da dor incontrolável do paciente, ou o psiquiatra frente ao irmão em surto esquizofrênico?

– Providencia a anestesia ou o medicamento necessário.

– Muito bem. Esses nossos irmãos demonstravam que poderiam ser contidos sem a medicação conveniente?

– Com certeza, não!

– Veja, essa intervenção que foi realizada será benéfica para as suas reações violentas no futuro. Na próxima oportunidade em que se posicionarem para fazer o uso da força, irão se lembrar da experiência desagradável à qual se submeteram e, com absoluta certeza, diminuirão o seu ímpeto nesse quesito.

– É sempre opcional, não, Jeremias? Aprender pelo amor ou pela dor...

– No caso da dor, meu jovem amigo, com inteligência, boa vontade e esforço no bem, ela poderá sempre ser evitada. Bem, agora vamos retornar e verificar como estão as nossas irmãs – convidou o mentor.

Capítulo 18

Atos inconsequentes

— Alzira, obrigado pelo suporte vibratório oferecido durante o encontro com os nossos necessitados irmãos – falou Jeremias.

— Agradeçamos a Jesus e ao Nosso Pai, Jeremias. Eles são os verdadeiros responsáveis pela proteção e realização de nossas tarefas mais simples.

— A propósito, quais os resultados alcançados por Dona Quitéria? – indagou o mentor.

– Não conseguimos muita coisa. Eu diria que apesar do esforço da bisavó de Luciana, a blindagem que a jovem criou em seu campo mental é assombrosa. Praticamente anulou todas as sugestões que lhe foram feitas.

– Lamentável que seja assim, Alzira. A partir deste momento só nos cabe acompanhar os próximos passos destes nossos irmãos.

Logo, o telefone tocou e o mordomo da mansão informou a Luciana que um jovem, de nome Caio, estava na linha.

Falaram-se brevemente e a jovem saiu em direção ao local acordado, escolhido previamente por ela.

Tratava-se de uma casa de chá elegante e recentemente inaugurada na cidade. Caio, com sua capacidade sedutora, aguardou Luciana com um pequenino e delicado ramalhete de flores, impressionando a jovem pela elegância do gesto.

Conversaram durante algumas horas, apreciando os chás que eram servidos com finas iguarias, muito ao gosto do pessoal de alto poder aquisitivo da região.

De ambos os lados, as entidades que os acompanhavam buscavam estimulá-los com pensamentos eivados de erotismo. O magnetismo dos jovens encarregava-se do envolvimento direto. Não demorou muito para que o contato físico acontecesse, com trocas de beijos e carícias, até o instante em que o rapaz lançasse o convite para se retirarem a um ambiente mais reservado.

Foram para um motel no carro de Luciana. Neste ínterim, os espetáculos protagonizados pelos acompanhantes desencarnados chegavam a um primitivismo hediondo.

Para entrar no veículo ou serem transportados sobre ele, alguns Espíritos iniciaram franca agressão verbal e física, causando tamanha agitação vibratória, que chegou a ser sentida em determinado instante por Caio. Era ele quem despendia maior volume de energias magnéticas, buscando envolver Luciana em seus pensamentos carregados de desejos desvairados.

Ao adentrarem no apartamento do luxuoso local escolhido, Caio, usando de muito tato, propôs à jovem o uso da maconha. Foi instaurada a partir daquele momento uma verdadeira folia vampiresca entre as entidades. Para finalizar, os desencarnados se revezavam em regime de imantação com o casal, enquanto este se relacionava, promovendo um espetáculo dantesco e imoral.

Os mentores, na companhia de Clemente e Dona Quitéria, que agora se juntara ao grupo, aguardavam discretamente no lado externo do estabelecimento, concentrados em prece, solicitando a Jesus que amparasse os jovens em suas futuras provas, que seriam desencadeadas pela inobservância da lei do respeito ao semelhante.

Enquanto oravam, as lágrimas se faziam abundantes nos rostos dos nossos irmãos, principalmente nos de Alzira e Dona Quitéria. O fato de os amigos espirituais alcançarem a condição de "mentores" não lhes suprime os sentimentos...

Capítulo 19

Quebra de confiança

Passados dois dias da ocorrência desastrosa do uso inadequado da liberdade de escolha de Luciana e Caio, a jovem ligou para Júnior e, sem grandes explicações, de uma maneira seca e um tanto grosseira, deu por terminado o "relacionamento" entre eles, informando que desde o princípio não tivera reais interesses no rapaz.

Chocado, Júnior quis conversar pessoalmente com

Luciana, mas foi dissuadido pelo amigo, tão logo este ficou sabendo da ligação telefônica:

— Deixe pra lá, Júnior. Não disse a você que Luciana não queria nada sério? A ilusão foi toda sua, compadre! O que uma ricaça esnobe ia querer com o sócio de um restaurantezinho? Acorda, cara...

— Caio, isso não está certo... Em todo caso, minhas aulas irão recomeçar na próxima semana. Tentarei uma conversa tipo "olho no olho".

— Você vai se humilhar para aquela garota, Júnior? Deixe de se comportar como criança. Esqueça de uma vez...

Caio procurava prevenir qualquer embaraço em relação ao seu envolvimento com Luciana. Tendo um comportamento pretensioso, enxergava Júnior como um inexperiente, que logo estaria conformado com o "fora" que recebera. "É paixão passageira deste tolinho", pensava consigo mesmo o traidor.

As aulas reiniciaram e Júnior tentou falar com Luciana, que o evitou de todas as maneiras.

Gradativamente o rapaz foi se cansando e deixando de lado as tentativas de diálogo, entendendo que deveria respeitar-se, afinal, tinha amor-próprio. Esse era o discurso que fazia para si mesmo, mas, no íntimo, Luciana não saía de seus pensamentos. Apesar de ser um relacionamento incipiente, sentia que algo estava errado. A vontade de saber a verdade começou a se tornar sua obsessão.

Sua mentora inspirava-lhe sugestões de perdão e abertura de sua mente para outras oportunidades. Ela alertava-o, com um amor maternal, que o futuro poderia se desenhar favoravelmente. Tinha a universidade, seu próprio negócio, que fora herdado do pai, e com certeza um dia apareceria sua verdadeira companheira, que lhe amaria e coroaria a vida de ambos com filhinhos que seriam a alegria e se constituiriam em orgulho para os pais. Que ele aguardasse confiante.

Todavia, com a mesma rapidez com que os conselhos eram transferidos mentalmente pela mentora, Júnior tratava de ignorá-los, mantendo-se na posição de vítima.

Passava a ser um alvo fácil para desencarnados desgostosos que, vivendo em profunda ignorância, eram atraídos pelas adensadas vibrações emitidas pelo rapaz.

Essas companhias fizeram Júnior começar a desconfiar que alguma coisa não corria bem com o sócio. As desculpas dadas por ele para resolver assuntos pendentes tornavam-se rotineiras. Estava sempre deixando a mãe como substituta nas responsabilidades que eram de sua conta, por causa de suas constantes ausências.

Aos poucos a situação financeira do restaurante começou a deteriorar-se. Júnior não entendia o que estava se passando e falava costumeiramente com o sócio, que dizia não saber como era possível, uma vez que os controles estavam sendo feitos.

O ambiente foi ficando cada vez mais tenso entre eles, contudo, como as famílias estavam envolvidas na empresa, os problemas tinham que ser administrados com cuidado, para não ferir a sensibilidade de um lado ou de outro.

Certo dia, em uma das ausências de Caio, um funcionário que ocupava a posição de garçom, senhor dos seus sessenta anos, que trabalhava com os pais dos jovens desde a fundação do restaurante, pediu para falar em particular com Júnior.

– Pois não, senhor Argemiro, em que posso ser útil?

– Senhor Júnior, não sei como iniciar assunto tão delicado, porém, pela consideração que tenho pelo senhor, não posso deixar que os últimos acontecimentos causem prejuízos ao empreendimento, que foi sempre mantido com muita luta por ambas as famílias.

– Do que se trata, senhor Argemiro?

– Percebo que os desentendimentos por causa de dinheiro vêm sendo um problema entre o senhor e seu sócio.

– Isto é normal, creio eu, pelo período difícil que o país vem atravessando. Não faz sentido, senhor Argemiro?

– Nem tanto. Existem outras coisas acontecendo que envolvem Caio diretamente.

– O que o senhor está querendo insinuar?

– Não estou insinuando e sim informando que a redução do faturamento no restaurante está ocorrendo por desvios regulares nas compras de mercadorias.

– Como? Isso não é possível...

– Infelizmente sou forçado a dizer que sim. O senhor não percebeu que, de um período para cá, o seu sócio insiste em fazer as compras?

– Sim, mas, e daí? Isto sempre foi trabalho que nós dividimos, sem transtorno algum.

– Pois é. Todavia, um dos mais antigos fornecedores, constrangido com o que vem ocorrendo, decidiu dividir suas preocupações comigo, informando que o Caio solicita comissões sobre todas as compras, acrescendo consideravelmente os custos dos produtos destinados ao restaurante.

Júnior sentiu como se estivesse tendo um pesadelo. Aquilo não poderia ser real, principalmente com o seu amigo de infância, um verdadeiro irmão, mais do que um simples sócio. Respirou fundo tentando conter sua indignação, e perguntou:

– O senhor tem provas do que me diz? Trata-se de uma acusação seriíssima, pois ele não é apenas meu sócio, mas meu amigo e também seu patrão.

– Sei que posso estar colocando o meu emprego em jogo, porém, minha consciência está tranquila. Como prova, solicitei ao fornecedor cópias dos recibos originais e aqueles que são entregues ao contador do restaurante pelo Caio, com os valores adulterados. Aqui estão...

Enquanto o funcionário entregava os documentos a Júnior, o rapaz mal conseguia mantê-los em suas mãos, tamanho era o tremor que experimentava. Precisou sentar-se, percebendo que as forças em suas pernas iriam faltar a qualquer instante.

Lágrimas escorriam pelas suas faces, em virtude da decepção que o envolvia naquela prova tão cruel. Seu melhor amigo cometia uma das mais desprezíveis atitudes: a quebra de confiança.

Tentando transformar aquilo tudo em uma acusação vazia, não querendo crer no que seus olhos viam, questionou:

– Os fornecedores são capazes de manter esta versão, caso venhamos a fazer uma acareação, senhor Argemiro?

– Todos? Não posso garantir. Este que forneceu os recibos eu não tenho dúvida alguma. Foi em consideração aos fundadores, de quem sempre foi amigo, que muito constrangidamente resolveu abrir a informação. São famílias que dependem deste negócio, e a cidade, por ser pequena, não oferece muitos empregos. Então, o comprometimento da empresa não está somente nas mãos dos sócios. O senhor não concorda?

– Sim, concordo. Peço que este assunto fique entre nós, até que eu apure os detalhes, está bem?

– Claro, senhor Júnior. Pode contar com a minha discrição e, por favor, me perdoe por ser portador de notícias tão desagradáveis.

– Fique tranquilo, senhor Argemiro. Agradeço a sua dedicação e confiança.

Capítulo 20

Flagrante assustador

Sendo uma pessoa ponderada, Júnior achou melhor não levantar polêmicas de imediato. Era necessário um pouco mais de tempo para analisar os documentos. A cautela é recomendação nestes episódios tão espinhosos.

Envolver mais gente poderia causar um impacto enorme, não somente na sociedade, mas, principalmente, nas famílias envolvidas. Isto sem contar a reputação do restaurante junto aos clientes.

Júnior, durante suas elucubrações, sabia que seu sócio era um sujeito possuidor de manias e defeitos, mas, afinal, quem era perfeito? Por mais arrogante ou petulante que fosse, era seu amigo de infância e seria incapaz de querer prejudicá-lo. Provavelmente, os namoricos tinham levado Caio a enfrentar alguma adversidade.

Seria melhor esperar para que a situação clareasse, porque, se o caso fosse realmente complicado, novas evidências surgiriam.

Os dias se passaram e o comportamento do amigo não tinha qualquer alteração. Sempre procurava desculpas para ausentar-se do trabalho. Júnior não podia ficar vigiando o sócio, pois, além do expediente na empresa, tinha que atender as demandas normais da faculdade.

Entretanto, o ensinamento de Jesus se tornaria realidade em curto espaço de tempo. Ensinava o Mestre em Lucas 12:2: "Pois não existe nada escondido que não venha a ser revelado, ou oculto que não venha a ser conhecido".

Terminada a aula daquela sexta-feira, Júnior apressou-se em voltar para a sua cidade. O maior movimento no restaurante era nos finais de semana. Estava praticamente saindo da cidade, para entrar na estrada, quando o sinal do último cruzamento acendeu a luz vermelha. Um veículo importado cruzou a sua frente e, por se tratar de um modelo esportivo, chamou a sua atenção. Parecia ser um carro conhecido. Mas, a surpresa maior surgiu quando pôde ver de soslaio o motorista. Reconhecê-lo-ia em qualquer lugar sem dúvida alguma: tratava-se de Caio.

Assim que o sinal abriu, Júnior decidiu segui-lo; talvez não fosse mais possível, porque alguns minutos haviam se passado e o carro poderia ter virado e entrado em outra rua. No entanto, a tentativa seria válida, porque poderia encontrar explicações para o que estava ocorrendo com os prováveis desvios no restaurante. Caso não se tratasse do amigo, a semelhança era enorme. Valia a pena investigar.

Para seu espanto, o carro estava estacionado em frente a uma drogaria, e dela quem estava acabando de sair e retornar para o carro era Luciana...

A frequência cardíaca do jovem aumentou consideravelmente com a surpresa. Ele não podia acreditar no que via. Naquele mesmo minuto, o instinto caçador, resquícios atávicos de outras existências, imperou. Era imperativo confirmar tamanha afronta. O melhor amigo com a sua ex-namorada... Passou próximo para certificar-se de que se tratava realmente de Caio e obteve a confirmação. A partir daí, seguiu discretamente e a distância o veículo, que entrou em uma rua mais recuada, repleta de motéis.

Estava confirmado! Caio, que na visão de Júnior era mais que um amigo, mas um verdadeiro irmão, estava traindo sua confiança de modo torpe!

Júnior estacionou próximo ao meio-fio, com receio de colidir seu carro. Sua visão embaçou quase por completo, um frio intenso tomou conta de seu corpo e, em desespero, ele desmaiou.

No plano espiritual, Alzira acompanhava o pupilo a certa distância, sem conseguir interferir diretamente em seus pensamentos. Procurando minimizar o impacto emocional no qual Júnior se encontrava, acionou mentalmente um transeunte, que, percebendo a estranha cena, abriu a porta do veículo e socorreu o rapaz. No estado em que ele se encontrava, poderia chegar a óbito.

Aos poucos, o jovem foi se recompondo e, passados

alguns minutos, entrou em copioso pranto, sem que o senhor que prestara socorro pudesse entender o que de fato ocorria.

Com tato, o experiente cavalheiro acalmou a situação, informando que trabalhava em um dos estabelecimentos da rua e, infelizmente, já presenciara ocorrências semelhantes. Esperava em Deus que o rapaz não estivesse passando por algo relacionado à traição...

Júnior agradeceu e procurou não abrir os reais motivos para o cidadão que acabara de conhecer. Disse tratar-se de uma indisposição por falta de alimentação e que se descontrolara de maneira inesperada. Já se sentia melhor. Ofereceu carona para aquela bondosa alma, que elegantemente recusou, por residir próximo ao local de trabalho, no entanto, fez as recomendações de praxe para que o jovem dirigisse com cuidado.

Alzira agia no sentido de minimizar o impacto das emoções descontroladas de Júnior. Porém, sabia de antemão que a decisão era de responsabilidade integral de seu tutelado, que ignorava por completo os pensamentos positivos inspirados pela nobre mentora. Acabou transformando sua mágoa em um misto de ódio e vingança, dando forças para as entidades ignorantes e maldosas, que enfim encontravam brechas em seu comportamento mental.

Crendo que falava consigo mesmo, disse:

– Vou me vingar, seu canalha, traidor maldito. Você irá me pagar cada centavo roubado e o ultraje com Luciana. Hoje mesmo resolvo isso. É tudo uma questão de horas...

Capítulo 21

Cenário macabro

O inferno estava instaurado na mente de Júnior. Envolto em ódio avassalador, dirigiu o carro na volta para sua cidade de forma perigosa, arriscando-se muito. Em duas ou três oportunidades, esteve perto de cometer um sério acidente envolvendo outros veículos que trafegavam em direção contrária, por causa de ultrapassagens imprevidentes.

Chegando a sua casa, apanhou os documentos que

recebera de Argemiro e foi para o restaurante. Apesar da insistência de sua mãe para que se alimentasse, informou que não tinha apetite e que faria isso no decorrer do dia.

A turba inconsequente de desencarnados se deliciava assistindo a progressão das vibrações descontroladas do rapaz, ao mesmo tempo em que vampirizavam parte de suas energias.

Por um processo simples de retroalimentação energética, não faltavam estímulos dos Espíritos que acompanhavam Júnior. Sua mentora era ignorada, de acordo com a vontade imperiosa de seu protegido.

O movimento no restaurante foi intenso naquela sexta-feira, e somente no final do expediente, quando os funcionários já haviam completado a limpeza e preparado os detalhes para o almoço do dia seguinte, estando todos trocando seus trajes para sair, Caio apareceu, com seu ar de total despreocupação.

Cumprimentou o pessoal como se nada houvesse acontecido, dando a impressão de que trabalhara o dia todo no estabelecimento.

Somente quando os empregados se foram, ficando apenas os dois sócios, Júnior pegou os recibos que comprovavam os desvios e espalhou-os sobre uma das mesas, pedindo:

– Caio, faça o favor de olhar estes documentos e me diga o que está ocorrendo.

Não foi difícil o sócio reconhecer a papelada e saber que suas falcatruas haviam sido descobertas. Porém, com disfarçada impertinência, voltou-se para Júnior, dizendo:

– Não sei do que se trata. São recibos de compras realizadas para o restaurante, não são?

– Vou clarear a sua memória, já que você parece que está sofrendo de amnésia parcial. São recibos que foram adulterados por você, para desvio de caixa.

– Júnior, como ousa? Há quanto tempo você me conhece? Está me acusando do quê?

– De ladrão seria muito? A sua insolência é tamanha, que chega a me dar nojo. Você não passa de um larápio e traidor vulgar. Está desviando recursos do seu próprio negócio, para se divertir com Luciana. Você se acha esperto? Pois saiba que é um imbecil, um verdadeiro canalha. Hoje, ao sair da faculdade, pude constatar ao vivo e a cores os dois pombinhos entrando em um motel, e o motorista era ninguém menos que o meu amigo de infância e sócio na empresa que ele mesmo está lesando.

— Isto é um delírio seu, Júnior. Está imaginando coisas, por ser um tolo apaixonado que acabou de levar um fora da garota que nunca quis saber de um trouxa como você.

Dizendo isso, Caio virou-se e foi indo em direção à porta de saída, quando Júnior, espumando de raiva, totalmente envolvido pelas maldosas entidades que o assessoravam, avançou em direção ao sócio gritando:

— Não vire as costas para mim, miserável...

No exato instante em que Júnior agarrou Caio pelas costas, este virou-se rapidamente e com um jogo de corpo conseguiu se desvencilhar e lançou o sócio com violência para o lado.

Júnior se desequilibrou e, na queda, bateu com força a nuca na quina de uma mesa próxima e foi ao solo sem sentidos. O choque foi de tamanha extensão que atingiu o cerebelo do jovem, provocando sua morte imediata.

Caio aproximou-se, acreditando a princípio em um simples desmaio, e demorou alguns minutos para perceber que acabara de tirar a vida de seu amigo.

Frio e calculista, engendrou apressadamente uma

estratégia para isentar-se da responsabilidade sobre o homicídio acidental. Verificou a posição da mesa e de uma luminária próxima e desenhou em sua imaginação o acontecimento macabro, assistido que estava pelos Espíritos infelizes, suas companhias rotineiras.

Pegou uma escada utilizada para pequenos reparos no restaurante, colocou-a próximo da mesa, de forma a parecer que Júnior tombara dela. Nas mãos do sócio, pôs uma lâmpada nova, tomando o cuidado de retirar a que estava no lustre.

Seu descaso pela vida do amigo era tamanho, que lançou a lâmpada usada de certa altura, para que ela se espatifasse no solo, dando à cena os aspectos de um triste acidente.

Durante toda a preparação embusteira, sentia uma forte e desagradável pressão em seu pescoço, apesar de estar vestido com uma camiseta confortável e com os botões da gola abertos.

Antes de sair do local, teve o cuidado de recolher os documentos que comprovavam sua desonestidade e de limpar as impressões digitais dos objetos tocados durante a montagem do tétrico cenário.

Capítulo 22

Conduta enérgica

Em seguida aos arranjos perpetrados, Caio tomou o cuidado de deixar a porta do restaurante destrancada e, antes de sair, olhou bem ao redor para confirmar se alguém passava pelo local naquele instante.

Rumou diretamente para sua casa, continuando a sentir o incômodo da pressão sobre o seu pescoço. No plano dos Espíritos, Júnior, desencarnado, alheio ao que ocorrera e crendo inconscientemente que se mantinha no corpo físico, tentava estrangular o traidor.

As entidades que acompanhavam os dois rapazes entraram em luta aberta. De um lado, os "aliados" de Caio tentavam separar Júnior, de outro, os acompanhantes de Júnior estimulavam a continuidade da ação, exigindo a desforra.

Alzira buscava em vão anular os efeitos doentios dos contendores sobre o seu protegido – a posição tresloucada dele impedia qualquer ação direta.

O espetáculo beirava os horrores sanguinolentos do circo romano, quando os gladiadores tinham que matar uns aos outros.

A mentora imediatamente solicitou a assistência de Jeremias, que naquele instante seria de grande auxílio, para aplacar a ira dos grupos, que continuariam se engalfinhando indefinidamente. Um homem chamaria mais atenção da malta de desequilibrados com viés machista e guerreiro do que uma mulher, senão de todos, provavelmente da grande maioria. Seria a energia firme de um homem tentando acalmar bárbaros que insistiam na selvageria.

Entrou em contato mental com o nobre irmão, que em questão de segundos se apresentou, na companhia do jovem Clemente.

– Salve, minha irmã. Estou à disposição para o serviço.

– Grata, Jeremias, Clemente, sejam bem-vindos em nome de Jesus. Neste instante, pelo desenrolar dos acontecimentos, creio que o melhor a fazer será sua intervenção direta, visando acalmar um pouco os ânimos.

– Que triste desfecho, não Alzira?

– De fato. O que a liberdade mal conduzida promove para o indivíduo, não é? Caio despreza mais uma vez a oportunidade da renovação, transformando o irmão de outras eras em inimigo, e responsabilizando-se pelo desenrolar das ocorrências futuras.

– Concordo, minha irmã. Vamos agir...

Jeremias concentrou-se convenientemente em profunda prece, iniciando a condensação perispirítica, enquanto Alzira e Clemente mantinham a sutileza de seus corpos espirituais, sustentando vibratoriamente o mentor amigo. Em alguns minutos, os seguidores dos jovens puderam divisá-lo.

Para surpresa de Clemente, enquanto o perispírito de Jeremias se adensava, em paralelo, sofria alterações de fisionomia e vestimenta. Quando finalizado o processo, quem estava à frente do grupo era um oficial das forças armadas, com o seu uniforme característico e demais apetrechos.

Clemente olhou interrogativo para Alzira, que esclareceu brevemente o estudante:

— Jeremias foi militar em uma de suas reencarnações e, para esses nossos pobres e infelizes irmãos, sua apresentação irá impor maior respeito, além, é claro, do ponto fundamental, sua moral elevada, que no final é de fato o que importa.

— Entendo. Estes irmãos encontram-se tão arraigados nas questões da forma, que o impacto será mais proveitoso, não?

— Sem dúvida, Clemente. Agora, continuemos em prece para que a tarefa não se perca.

Jeremias dirigiu-se energicamente ao grupo de celerados, determinando:

— Parem imediatamente com a luta insana. É uma ordem!

Várias entidades afastaram-se no mesmo momento, enquanto os seus líderes, mais petulantes, procuraram por instantes se aliar contra aquele que poderia ser um inimigo comum.

– Por quê? Isto é da sua conta? – indagou um deles.

– Integralmente. Se não quiserem que sejam tomadas medidas mais drásticas, um dos grupos terá de ceder. Sugiro que seja aquele que acompanha Júnior.

– Nunca! – respondeu o interlocutor responsável pelas ações nefastas no jovem desencarnado. – Precisamos auxiliá-lo na vingança contra o traidor insolente. Somos solidários com a sua desdita.

– Daqui para frente, eu pessoalmente me responsabilizarei pelo rapaz, e sugiro que se retirem em paz.

A inflexão de voz, aliada às vibrações de alta moralidade de Jeremias, recebendo a sustentação direta de Alzira e Clemente, que ao mesmo tempo envolviam em fluidos calmantes e equilibrados o bando infeliz, promoveu o resultado esperado. O líder do grupo, um tanto contrariado, ordenou para os seus colegas:

– Vamos sair daqui. Deixe o garoto por enquanto com o "comandante".

Mas em tom ameaçador, não querendo mostrar fraqueza perante os demais, voltou-se para Jeremias, dizendo:

– Bastará um vacilo de sua parte para que retornemos. É tudo uma questão de tempo.

Sem mais uma palavra, Jeremias voltou-se para Júnior e, com aplicação de energias na região coronariana, suspendeu a ação violenta contra o pupilo de Alzira.

Júnior ficou ao lado de Caio, mantendo seu grau de inconsciência, enquanto as entidades que obsediavam Caio, receosas, também se afastavam lentamente.

Capítulo 23

Dor profunda

Paulatinamente Jeremias foi retornando a sua condição normal de sutileza e forma, após o episódio com as entidades vampirescas.

Tão logo o quadro se normalizou, Clemente, ávido por receber maiores esclarecimentos, interpelou Jeremias:

– Como será daqui para frente a conexão entre Caio e Júnior.

— Lastimável, eu diria. Apesar da desvinculação realizada, colocamos Júnior em uma condição momentaneamente passiva, porque os vínculos existentes entre ambos são muito fortes, principalmente agora que estão permeados pelo ódio de um lado e, de outro, pela culpa sobre o homicídio acidental, incluindo também as ocorrências em relação à Luciana e ao desfalque no restaurante. Encontrava-me em trabalho de assistência com Clarissa e pudemos acompanhar, pela ligação mental com nossa irmã Alzira, os detalhes desastrosos do desencarne de Júnior. Sinto imensamente por Caio, meu pupilo, que aumentou seu quadro de encargos dolorosos, não só para esta existência, dado que, com regularidade, ele ignora as advertências que lhe são feitas. Neste momento, Clemente, peço a gentileza de deixarmos nossa conversa para mais tarde, porque iremos visitar a mãezinha de Júnior, que necessitará de nosso apoio para os lances aflitivos que a esperam. Vamos?

Como todas as mães, dotadas que são de alta sensibilidade, por volta de duas horas da madrugada Lily despertou num sobressalto. Levantou-se e foi diretamente para o aposento de Júnior, encontrando a sua cama arrumada, indício claro de que o rapaz não retornara até aquela hora.

Como era costume do filho deixá-la a par de qualquer alteração de horário, preocupadíssima, ligou inicialmente para o restaurante. Como não obteve sucesso, telefonou para a casa de Caio.

– Alô? Izolina?

A mãe de Caio, apesar da sonolência, reconheceu a voz aflita da amiga:

– Oi, Lily, o que foi? Aconteceu alguma coisa?

– O Júnior. Ele está aí?

– Não que eu saiba. Deixe-me ver no quarto do Caio...

Alguns instantes se passaram...

– Não, Lily, Júnior não está aqui, e o Caio dorme profundamente. Você já tentou o restaurante?

– Sim. Porém, ninguém atende...

– Vou perguntar para o Caio...

– Não, Izolina. Deixe que ele descanse. Vou até restaurante...

– De jeito nenhum. Antes vou falar com o Caio. Aguarde na linha, por favor...

Após alguns minutos, Izolina retomou o telefone:

– Lily, desculpe a demora, você sabe como o meu filho dorme pesado. Ele me informou que saiu do restaurante e o Júnior estava se preparando para ir para casa.

– Vou para lá agora mesmo.

– Calma, Lily, você sabe como são os garotos... Às vezes esquecem-se da hora.

– Sem o Caio estar junto, Izolina? Acho difícil...

Alzira passou a envolver em vibrações tranquilizantes a mãezinha de Júnior, buscando minimizar o impacto que ela teria ao encontrar o corpo do filho sem vida.

Izolina, sentindo que Lily estivesse preocupada em demasia, resolveu trocar de roupa e ir ao encontro da amiga. Passou pelo quarto de Caio, que, desperto, calculando como seriam os próximos atos, fingia roncar, dando a impressão de que dormia tranquilamente.

Como residiam próximo do restaurante, ela chegou ao local ao mesmo tempo que Lily.

A mãe de Júnior, ao ver a cena, apesar da assistência energética que recebia de Alzira, entrou em desespero. Correu em direção ao filho, abraçando-o fortemente, na esperança de reaquecê-lo, tentando inutilmente fazer com que ele voltasse à vida.

Seus gritos puderam ser ouvidos por alguns vizinhos

que residiam próximos ao estabelecimento e acorreram em seu auxílio e conforto.

Lily, em sua dor profunda, somente repetia:

– Filho, meu filho, pelo amor de Deus, por misericórdia, acorde...

Capítulo 24

Falsa consideração

Izolina, tão chocada como a amiga, ligou para casa insistentemente. O telefone tocou até que a linha caísse. A mãe de Caio sabia que o filho em geral dormia pesadamente.

O fingimento do rapaz era tamanho, que para não chamar a atenção, apesar de estar desperto, não alterou seu comportamento, evitando até neste ponto levantar qualquer suspeita sobre a sua pessoa.

Depois de certo tempo, atendeu ao chamado, com voz confusa e com palavras entrecortadas de quem havia acabado de acordar.

Com sua mãe em lágrimas de desespero, comunicando o fato, Caio trocou somente a calça do pijama, dirigindo-se velozmente para o restaurante. Todos os seus movimentos eram inteligentemente calculados.

Chegando ao local com metade do traje de dormir, promoveu um espetáculo digno de nota, tamanha a dramaticidade. Pelo desvio de caráter de que era portador, sua representação chegava a convencer integralmente quem estivesse próximo.

Dizia que o seu coração sangrava, porque parte dele estava partindo com aquele que sempre considerou um verdadeiro irmão.

Júnior mantinha-se ao seu lado, em total ignorância do que se passava. Com as energias recebidas pela assistência dos Espíritos amigos se dissipando gradativamente, em virtude da manutenção do monoideísmo no ódio, Júnior divisava somente a figura de Caio, reiniciando a pressão no pescoço do traidor, com um único pensamento: o de estrangulá-lo. Em sua mente auto-hipnotizada, a vingança era seu único objetivo, na qual aplicaria todas as suas forças.

Os mentores sabiam que não podiam interferir indefinidamente no quadro infeliz que se apresentava, porque cada um deles havia escolhido os caminhos a percorrer. A liberdade, apesar dos desvios praticados, teria que ser respeitada.

Não demorou muito tempo para que as desequilibradas entidades fossem novamente magneticamente atraídas ao convívio dos rapazes.

Jeremias e Alzira providenciaram a dissipação do fluido vital que ainda estava em demasia agregado ao perispírito de Júnior, evitando que a vampirização ocorresse e causasse maior sofrimento para o recém-desencarnado.

Por sua vez, Caio voltava a sentir um leve desconforto no pescoço, assemelhando-se a uma pressão externa em determinado momento ou em outro, com alguma secreção difícil de ser expelida.

Contudo, precisava ser o mais prestativo possível e foi quem se responsabilizou por todos os processos junto às autoridades, familiares e amigos, mantendo sempre lágrimas fingidas em seus olhos, garantindo que um ridículo acidente aniquilara a vida de seu melhor amigo.

Tudo saiu de acordo com o plano macabro arquitetado por Caio, que não media esforços para a sua performance teatral, a ponto de sua mãe preocupar-se com o estado do filho.

Encerradas as exéquias no final da tarde, ele foi o último a deixar o cemitério, depois de palavras sentidas de despedida dirigidas ao "irmão do coração"...

Durante a semana, mostrou-se abatido, alimentando-se minimamente, com ares de profundo pesar.

Em relação à Luciana, comunicou-a do ocorrido somente no dia seguinte ao velório, procurando sintetizar ao máximo as informações. Recomendou que a visita dela ao túmulo, conforme era costume de sua família, não seria adequada naquele momento, procurando desta forma evitar qualquer embaraço com Lily, a mãe do amigo que partira.

Os dias foram passando e aos poucos a vida retomava o seu ritmo. Pelos motivos óbvios e o abatimento em que se encontrava, Lily pedira um tempo maior para voltar às atividades diárias, enquanto Caio se esforçava para fazer frente às obrigações, sentindo-se livre e satisfeito em relação às decisões a serem tomadas nos negócios e em seu relacionamento com Luciana.

Capítulo 25

Planejamento criminoso

Não demorou muito tempo e Caio aproximou-se da família de Luciana. O pai da moça procurou conhecê-lo melhor e, com o passar dos meses, percebeu, pela sagacidade do rapaz, que poderia incluí-lo em suas transações escusas com fornecedores e prestadores de serviços à prefeitura sob seu comando.

O período das eleições se aproximava e o prefeito, preparando a sua reeleição, necessitava de todos os aliados possíveis, e Caio, possuidor de um caráter flexível, cujo estilo se assemelhava muito ao dele, tornou-se um elemento indispensável para as negociações de campanha, em que a ética era deixada à parte. O importante seria os favorecimentos após a vitória, para todos aqueles que estivessem contribuindo.

O rapaz passou a ganhar dinheiro fácil, recebendo certo percentual nas operações corruptas que eram realizadas por seu intermédio. O restaurante, naquela altura dos acontecimentos, era totalmente gerenciado por sua mãe e dona Lily.

Ele dizia a Luciana que a oportunidade de ouro havia chegado para ele e que o empreendimento da família ficaria para o sustento das viúvas.

Em curto prazo, locupletando-se com os valores cada vez mais significativos, mudou-se de vez para um apartamento de sua propriedade, na cidade onde residia a namorada.

Com dinheiro de sobra, era visto desfilando com carros importados, frequentando restaurantes caros, usando roupas de grifes e distribuindo gorjetas polpudas para quem lhe prestasse qualquer serviço ou favor.

Aprendia rápido a arte da politicalha com o prefeito,

que aos poucos começou a designá-lo como um filho.

O rapaz, utilizando-se dessa prerrogativa, dizia que perdera seu genitor em um acidente, mas a vida, bondosa para com ele, trouxera-lhe um novo pai.

Tudo parecia transcorrer bem, se não fosse o incômodo que sentia na garganta de maneira intermitente. Num determinado momento voltava a pressão, em outros, uma irritação com certa quantidade de muco.

Seu "sogro", como o prefeito já era tratado na intimidade pelo jovem, indicou-lhe o médico da família, profissional altamente qualificado e de reconhecido valor na cidade.

Foram realizados vários exames em consultório e laboratoriais, todavia, sem qualquer resultado que indicasse de fato uma enfermidade.

Foi receitada medicação para tratar a irritação, que cedia durante um período de tempo, para retornar quando o remédio era suspenso.

Na perspectiva espiritual, Júnior, enceguecido pelo ódio, principalmente quando passou a sentir as vibrações de Luciana junto com o seu desafeto, tinha somente um objetivo: matar aquele que se transformara de amigo em oponente.

Por um período de tempo, sua mente focada em Caio não percebia a presença da jovem. Tão logo seu ímpeto se arrefeceu um pouco, com o desgaste pelas densas energias de sentimentos contrários ao amor instalados em seu coração, ele notou a presença da jovem e renovou a sua motivação para a vingança.

Sem saber-se desencarnado, gritava tresloucado que fora traído duplamente e que não deixaria a vida de ambos em paz.

Por essa época, o casal distraiu-se, não se preveniu e Luciana acabou engravidando.

Júnior, que se encontrava atado ao psiquismo da jovem, foi automaticamente atraído para a ligação corpórea que se iniciava.

Com a suspeita confirmada pela namorada, Caio compreendeu o inconveniente da situação: pelo fato de Luciana ser a filha do prefeito e o pai estar em plena campanha, o acontecimento seria utilizado como poderosa arma pelos adversários, que mais preservavam um falso moralismo do que se incomodavam com a questão do respeito à vida.

O aborto seria a alternativa mais razoável para preservar o interesse de todos, inclusive os do próprio

Caio, que um dia se candidataria a algum cargo público. Isto seria uma nódoa em sua reputação...

Manipulador como era, convenceu Luciana a adotar a prática e depressa arquitetou seu plano sórdido.

Diriam aos pais da jovem que ela iria para a capital do estado por uns dias para fazer compras, como pretexto para a realização do ato criminoso em clínica que já fora contatada para providenciar os procedimentos.

O futuro sogro de Caio, por ser também um falso moralista, tal qual os seus adversários, não permitiria uma viagem em que a jovem fosse desacompanhada.

Duas colegas de Luciana, cujo silêncio foi comprado por Caio a peso de ouro, iriam com ela, tornando o evento acima de qualquer suspeita.

O plano deu certo. O rapaz, com o seu discurso seguro, acabou por convencer os pais da namorada a não se preocuparem com a viagem de compras, que não haveria qualquer problema. Disse que ele mesmo se encarregara de contratar uma empresa de segurança na capital, e guarda-costas especializados acompanhariam Luciana e as amigas dia e noite, desde o seu desembarque no aeroporto, ficando com as garotas até o retorno.

Os cuidados e a previdência de Caio surpreenderam

de tal forma o pai da moça, que ele, dirigindo-se à esposa em momento mais reservado, comentou:

– Minha querida, Luciana realmente acertou neste relacionamento. Caio será um excelente marido para ela e um genro que me dará muito orgulho. Quem diria que um jovem simples, dono de um pequeno estabelecimento, poderia ser tão brilhante, não é mesmo?...

A esposa, uma senhora submissa, respondeu:

– Gosto muito dele também. É um rapaz muito bem intencionado...

Capítulo 26

Ponderações superiores

As circunstâncias se tornavam muito graves para a evolução espiritual dos jovens, pelo comprometimento criminoso ao qual se submetiam. Caio carregava em seu psiquismo a culpa pelo homicídio acidental de Júnior, e agora iria acrescentar a isso o crime do aborto, envolvendo Luciana no terrível complô. A responsabilidade sobre o ato transgressor também cabia à jovem, evidentemente, que poderia evitá-lo caso tivesse um posicionamento mais firme de caráter. No entanto, Espírito leviano como era, não abriria mão das facilidades de sua folgada existência, nem tampouco de seu *status*.

Afinal, um filho naquele momento roubaria sua juventude e tudo o que tinha para usufruir, pensava ela, além de comprometer a campanha de seu pai. Como havia sido sempre uma menina mimada, recebendo tudo o que queria, não seria justo que ela decepcionasse seus pais com uma gravidez indesejável.

Em seus planos, filhos poderiam fazer parte de sua vida um pouco mais tarde, quando já estivesse casada.

Diante do grave cometimento, Jeremias e Alzira, acompanhados por Clemente, decidiram acionar Clarissa.

A nobre mentora recebeu-os na companhia de Giuseppe, o diretor da instituição a que todos se reportavam.

O trio foi convidado a entrar na sala do dirigente e, feitas as calorosas saudações, Jeremias iniciou seu sucinto reporte.

Ao término, Giuseppe tomou a palavra:

– Temos acompanhado os movimentos realizados por vocês em relação aos nossos irmãos, e também as decisões desfavoráveis que eles vêm tomando, conflitando diretamente com suas propostas reencarnatórias. Clarissa informou-me do envolvimento pernicioso com desencarnados, com os quais se locupletam, pelo interesse em levar vida no imediatismo das sensações. É pena que abram mão de oportunidade tão valiosa, tratando a presente existência como se fora um brinquedo, e a Terra, nossa escola redentora, como colônia de férias. Infelizmente, amargarão o resultado dessas decisões desajuizadas com experiências dolorosas impostas pela falta de bom senso em lidar com a liberdade que lhes é facultada pelo Divino Criador. Reencarnações que poderiam receber o selo de vencedoras são menosprezadas em favor do materialismo inconsequente, mantido por interesses mesquinhos e infantilizados.

– Infelizmente, Giuseppe – concordou Clarissa.

Giuseppe, com um sinal, solicitou que a mentora desse continuidade.

– Avaliamos todas as perspectivas de tão intrincado evento e, depois de apresentá-las e discuti-las com o nosso diretor, entendemos que, nesta altura dos acontecimentos, devemos utilizar do mal que se apresenta para transubstanciá-lo no bem.

— De que maneira, Clarissa? — questionou Jeremias.

— O choque reencarnatório iria moderar a ânsia vingativa de Júnior, sendo-lhe possível, em futuro próximo, renascer como filho do casal.

— Mas o seu ódio não será duplicado em virtude da violência de que será vítima?

— Sua pergunta faz sentido, Alzira, porém, a experiência irá tirá-lo de seu monoideísmo. Centralizado como se encontra, as perturbações advindas desta posição poderão promover danos profundos em seu perispírito, levando a sérias disfunções em seu cérebro físico quando de sua próxima reencarnação. Note, minha amiga, que eu disse "moderar", e não substituir de todo, os sentimentos de seu tutelado. Simplificando: tratamos aqui do mal menor.

— Todavia, Júnior poderá tornar-se um obsessor de Luciana e Caio? — perguntou Jeremias.

— Trata-se do preço a pagar pelo casal. Semeadura livre, colheita obrigatória. Contudo, as Leis Magnânimas do Pai são de amor. Durante certo período, os jovens poderão amargar algum desconforto, para um dia serem unidos na oportunidade do resgate. Aguardemos confiantes na Sabedoria Divina.

Capítulo 27
Aborto delituoso

Luciana, ignorando todas as inspirações dos Espíritos amigos quanto ao ato criminoso que estava por praticar, preparou os itens para a viagem à capital do estado. Achava-se acompanhada de suas amigas, que a partir daquela hora se tornavam também suas cúmplices, por aprovarem e participarem de forma vil do projeto delinquente, a troco de dinheiro.

O início da ligação perispirítica de Júnior com o óvulo fecundado de Luciana atordoara-o, reduzindo o calor do seu ódio e suas forças na tentativa infrutífera de estrangular o traidor e homicida que lhe roubara a vida.

Apesar da inconsciência que continuava mantendo sobre seu estado de desencarnado, as vibrações de rejeição daquela que poderia ser sua futura mãe causavam-lhe grande receio. Alternava-se em seu íntimo o terror, que reduzia suas forças consideravelmente, e um forte desejo de renovação.

Independentemente da ignorância mantida pelo Espírito sobre a reencarnação, a benção do recomeço se faz automática, infundindo na criatura esperanças novas, às vezes inexplicáveis num primeiro momento. Na realidade, sua metodologia está intrínseca no ser, que necessita dela integralmente para o seu processo evolutivo. Então, reencarnar não é objeto de crença, aceitação ou religião, mas, sim, degraus justos de evolução rumo ao Criador.

A chegada à clínica aumentou consideravelmente a ansiedade de Luciana, por saber o risco de morte a que se expunha. Essas sensações eram assimiladas pelo reencarnante, infundindo-lhe maior dose de sofrimento e revolta.

Quando de fato os procedimentos tiveram início, Júnior sentia que seu corpo estava sendo retalhado por frio instrumento, e os pedaços lançados no lixo, sem qualquer consideração.

Como a ligação com a futura mãe é predominantemente mental, em seu psiquismo, seu corpo espiritual mantinha-se integral, ligado ao útero materno, apesar da formação do seu invólucro físico mostrar-se ainda no começo, quando analisado pelos padrões convencionais da medicina no planeta.

Seu desespero, pelo desalinho mental de que estava sendo vítima, aumentava-lhe o pavor, ao mesmo tempo em que lhe infundia o propósito de represália contra Luciana, que o espezinhava cruelmente.

Passadas algumas horas do ato ignominioso, enquanto a jovem era mantida em repouso, Júnior, na dimensão espiritual, sentia que despertava de um longo pesadelo. Sem entender a realidade que vivenciava, por encontrar-se em atividade auto-hipnótica, motivada pela centralização em rancor profundo, passou a perceber pouco a pouco o que ocorria a sua volta. Entretanto, como suas vibrações eram densas, pôde contemplar somente os infelizes companheiros de Luciana. O líder do grupo, sabendo-se identificado pelo rapaz, avançou em sua direção querendo intimidá-lo e torná-lo mais um de seus asseclas prisioneiros.

Júnior, diante do risco que pressentiu, agiu instintivamente e partiu em direção ao seu opositor, dando-lhe golpes violentos e precisos, nocauteando-o, para sua surpresa. No padrão mental limitado em que se encontrava, o rapaz acreditava falsamente que poderia ser agredido até a morte e, por isso mesmo, colocou toda a sua força na busca desesperada de preservar a vida.

O bando quedou boquiaberto e assustado diante do ocorrido. Um deles, que estava mais próximo, temendo que pudesse ser também vítima do jovem, gritou:

– Parece que temos um novo chefe, porque o antigo não se mostrou tão forte como parecia. Quem está comigo?

A maioria aderiu, enquanto dois ou três agarraram o antigo comandante e o levaram desacordado.

Júnior despertara em si tendências agressivas que se encontravam adormecidas em seu subconsciente profundo, e que ainda não haviam sido superadas em suas últimas existências.

O rapaz, não demonstrando interesse ou sequer

entendendo bem o que se passava com a malta amedrontada, gritou:

– Somente quero vingança, nada mais.

A turba, ignorando do que se tratava, mas solidária no desequilíbrio, repetiu com gritos frenéticos:

– Vingança, queremos vingança...

Capítulo 28

O obsessor

Uma semana se passou e Luciana retornou para o lar com sacolas repletas de roupas, presentes e acessórios, que uma das amigas providenciou indo às compras, enquanto o serviço criminoso estava sendo realizado.

A estratégia montada por Caio funcionou espetacularmente, com todos os pontos devidamente cobertos.

Quanto ao leve abatimento apresentado pela namorada, a desculpa de um resfriado viria a calhar para despistar os pais sempre atentos.

Luciana trouxera presentes para todos, muito mais do que compras feitas para si mesma. O namorado sabia que esta atitude seria útil para distrair a atenção das pessoas mais próximas. Caio possuía uma mente brilhante em se tratando de montar cenários que despistassem o mal que estava por trás de seus atos.

Todavia, Luciana trazia uma sequela inesperada, não pelo aborto em si, mas sim pela atuação obsessiva que Júnior começava a impor-lhe.

O desencarnado, ignorando como o processo acontecia, percebeu que seus pensamentos influenciavam sobremaneira, em determinados momentos, a mobilidade de Luciana.

Bastava dirigir seu olhar odiento para a jovem e imediatamente depois ela convulsionava. Apesar de não entender de fato como isso era possível, o resultado, no mínimo, mostrava-se interessante.

Uma das entidades que passara a ser um dos seus subordinados, aproximando-se com muito tato, iniciou um diálogo:

– Senhor? Não sei o seu nome ainda...

– Júnior, pode me chamar assim. O que você quer?

A polidez que Júnior vinha exercitando ao longo das existências, visando superar grosserias atávicas, foi aos poucos sendo colocada de lado. Não entendia o seu estado de desencarnado, porque nunca atentara adequadamente para os aspectos evolutivos da criatura e a lógica da justiça divina, através da vida em dois planos, espiritual e físico.

Mas no momento isso tudo era secundário em sua mente, que estava voltada única e exclusivamente para a desforra. O esperto interlocutor continuou:

– Percebo que você possui habilidades extraordinárias em fazer a moça em questão estrebuchar. Posso, se quiser, dar orientações com alguns conhecimentos que possuo.

– Vai mudar em quê, senhor...

– Valdo. Para servi-lo...

– Muito bem. Diga-me o que fazer com essa criatura abjeta que me trata como lixo.

– Você possui um magnetismo acentuado, e, através do centro de força coronário, frontal e outros existentes, que detalharei mais adiante, é possível influenciar o sistema nervoso central da jovem em questão, atuando diretamente ao longo da medula, podendo com isso tornar as crises convulsivas muito mais intensas e, em paralelo, fazer que balbucie algumas palavras contra o rapaz que convive com ela em regime de namoro e intimidade. No ato sexual desequilibrado em que ela se envolve com o parceiro, por exemplo, é possível sugar-lhes energias prazerosas e, ao mesmo tempo, utilizando dos recursos que acabo de explicar sinteticamente, causar-lhe mais desarranjos psíquicos, levando-a aos poucos à esquizofrenia, sem causa aparente no cérebro.

– Não entendo. Que conversa é essa? De onde você tirou essas informações?

– Estudei durante muito tempo as questões da utilização do magnetismo animal e sua atuação, tanto para auxiliar na saúde do indivíduo como também, se utilizado em descargas mais acentuadas, causar desconfortos e até doenças. Como nos encontramos em posição privilegiada, por não sermos identificados pelos que estão no corpo denso, nossa vantagem é enorme.

– Corpo denso, Valdo? Não ser identificado? Que loucura é essa?

– Encontramo-nos em dimensão paralela, desprovidos da vestimenta carnal, Júnior. Como você já deve ter notado, ninguém morre!

– Como assim, ninguém morre?

– É isso mesmo que você acabou de ouvir. Morre o corpo físico, como uma vestimenta que deixamos de utilizar, mas não se mata a mente.

Júnior teve um choque ao receber a informação, porque as imagens do instante de seu desencarne retornaram com força à sua consciência, como se ele assistisse a um filme interativo, sentindo a realidade de cada instante, desde a hora fatídica de sua saída em definitivo do plano material, passando pelo velório e sepultamento, as ações impetradas para o aborto delituoso e os primeiros momentos do choque que o tiravam de um pesadelo atroz.

Naquele instante suas pernas pareceram faltar e, se não fosse o movimento rápido de Valdo, Júnior se estatelaria no chão.

O partidário engenhoso, buscando ganhar a confiança daquele que estava como líder do bando, disse-lhe:

– Tenha calma, isto tudo vai passar. A realidade é de difícil assimilação num primeiro momento, mas é totalmente administrável e, se bem utilizada, traz-nos inúmeras vantagens.

– Estou morto?! Meu Deus, eu morri?! Caio, aquele miserável, me matou.

– Não... Não, Júnior. Ninguém morre, somente mudamos de plano. Vamos, fique tranquilo. Vou aplicar energias magnéticas em você, para que adormeça por certo período de tempo; quando despertar, terá assimilado melhor o que ocorreu, e as novas informações que eu terei a honra de lhe repassar serão de grande proveito para os seus projetos.

Com aplicação de energias no centro de força coronário, Valdo induziu Júnior ao sono. Iniciava-se, com este consórcio, o desenho das bases infelizes de um grande obsessor.

Capítulo 29

Falso amigo

Duas horas se passaram e Júnior despertou sentindo-se bem e com energias renovadas.

Valdo, como fiel escudeiro, encontrava-se ao seu lado, postando-se como verdadeiro serviçal.

– Como se sente, chefe?

– Maravilhosamente bem, Valdo. O que você fez eu não entendi muito bem, mas sinto-me outro. Poderia me fornecer alguns detalhes?

– Conforme disse anteriormente, vou explicar resumidamente o que aprendi a respeito da influência que podemos exercer de forma objetiva, tanto em quem se encontra no corpo denso ou neste mais sutil.

– Conte tudo, Valdo.

– Certo. Existem os chamados centros de força ou "chacras" em sânscrito, que é sinônimo de "roda" ou "disco", localizados em nosso corpo atual, cuja ligação se dá em plenitude com os plexos no organismo denso, o qual Luciana ocupa presentemente, para utilizar-me de um simples exemplo.

Ele deu uma olhada furtiva para Júnior, mas logo prosseguiu:

– Estes centros de força estão espalhados em diversos pontos pelo nosso organismo. Vou relatar somente os principais deles, que venho analisando de forma empírica, em suas ligações mais diretas. Temos o chamado coronário, que se liga à glândula pineal ou epífise; o frontal conecta-se com a glândula pituitária ou hipófise; laríngeo: glândula tireoide; cardíaco: glândula timo; esplênico: glândulas suprarrenais; gástrico: pâncreas; genésico: glândulas sexuais, as gônadas (ovário e testículos).

– Interessante. Onde você aprendeu tudo isso, Valdo?

– Sempre fui um curioso em relação aos assuntos chamados "místicos", que aos poucos relacionei com alguns conhecimentos de medicina.

– Você é médico?

– Frustrado eu diria, Júnior. Fiz alguns semestres de medicina por imposição de minha família, mas nunca gostei da matéria. No entanto, o tradicionalismo orgulhoso de meus pais exigia a todo custo possuir um filho médico, para que pudessem comentar e se destacar nas rodas sociais, quando eu queria mesmo era me divertir com as colegas da faculdade e dirigir meu carro em alta velocidade. Sempre sonhei em ser piloto e, certo dia, errei na curva de uma estrada que usava com meus colegas para os nossos "rachas" e acabei desta maneira. Ao sair do corpo, encontrei de imediato este grupo, com quem já me sentia afinado, e preferi ficar com eles. Não sabem muito, porém, nos salvaguardamos de alguns outros que buscam transformar o pessoal que está fora do corpo denso em escravos de seus caprichos.

– Isto tudo é muito confuso para mim, Valdo.

– Quer saber, para mim também. Mas, no fim, não dou a menor importância, porque a vida não tem sentido mesmo. Vou vivendo um dia de cada vez e pronto.

– Será que é só isso? – indagou Júnior despertando certa curiosidade.

– Não sei, meu chefe... Um dia, se tiver algo melhor, pode ser que sejamos informados, não?

– Pode ser...

– De uma coisa eu tenho certeza. Estou na situação em que me encontro porque errei a curva. No seu caso, parece que houve alguma ajuda...

As palavras finais, ditas por Valdo com expressão maliciosa no rosto, voltaram a despertar a ira de Júnior sobre Luciana e Caio.

– Desses dois eu vou tomar conta, e espero que você me ajude com os seus conhecimentos, para que meus resultados sejam mais proveitosos.

– Chefe, afinal, para que servem os amigos? – disse Valdo com um sorriso matreiro.

Capítulo 30

A vingança mais eficaz

A destreza alcançada por Júnior no uso nocivo de seu magnetismo passou a produzir efeitos cada vez mais acentuados e desagradáveis em Luciana, sendo reservada também certa porção para o infiel Caio.

O jovem desencarnado, que durante suas últimas duas existências vinha trabalhando no sentido de solidificar valores voltados ao bem, por sentir-se agora ultrajado decidiu não somente a associação com as entidades ignorantes, como também assimilar suas sugestões para a prática do mal.

O grupo liderado por Júnior, sendo em maior número e com capacidades pervertidas, expulsou os acompanhantes de Luciana, passando a exercer total e infeliz influência sobre o casal, que, no entanto, continuava o maior responsável por sua própria insensatez quanto ao respeito à vida.

Sem o conhecimento da reencarnação, o aborto praticado soava para Júnior como uma rejeição, em que a violência fora como um espancamento ou uma tortura inenarrável. Logo, o tratamento a ser dispensado para Luciana e Caio, por uma questão de justiça, de acordo com os seus valores que se distorciam a cada dia pelo desejo de vingança, deveria obedecer ao mesmo padrão violento com que havia sido tratado.

Júnior, agora um verdadeiro obsessor, encontrava grande facilidade em torturar Luciana, atuando eficazmente em seus centros de força, produzindo-lhe convulsões e a expressão de frases guturais para impressionar a mente de Caio, um terror que gradativamente reduzia também a imunidade do antigo amigo e, dessa forma, permitia a implantação de agentes patológicos em seu organismo.

O tempo passou rápido e o pai de Luciana, que concorria à reeleição, alcançou seu intento no primeiro turno. Naturalmente, Caio assumiu de pronto um cargo de confiança, para dar continuidade às negociatas lucrativas do prefeito e equipe, e se envolvia diretamente na corrupção.

No entanto, a situação de Luciana tomou ares mais delicados. Segundo as diretrizes do médico da família, profissional da mais alta confiança do prefeito, um psiquiatra deveria ser consultado. O pai da jovem, radical na defesa seus interesses pessoais, tinha pavor de ser atacado pelos adversários, que poderiam aventar a hipótese de o recém-eleito ter uma filha louca. Talvez umas férias prolongadas fizessem bem para a moça. Sugeriu que o futuro genro levasse Luciana, na companhia também da mãe, para a capital, e, se fosse necessário, que a consulta com o médico especializado e o possível tratamento pudessem ser realizado por lá, longe dos olhos curiosos do povo da cidade.

Caio, como um adulador da melhor estirpe, preparou todos os itens necessários para a viagem e as reservas de hospedagem de forma rápida e discreta. Para os mais próximos, Luciana faria um curso de três meses, ligado à área administrativa, e o namorado, quase noivo na altura dos acontecimentos, faria visitas nos finais de semana ou a cada quinze dias.

No dia marcado para a viagem, quando estavam reunidos na sala da suntuosa mansão Caio, Luciana e sua mãe, praticamente prontos para sair, a jovem entrou em transe convulsivo, sendo lançada ao chão como um fantoche cujo controle fora abandonado pelo artista.

Caio abaixou-se para socorrê-la, quando foi agarrado fortemente pelo pescoço por Luciana. Apesar da força física do rapaz, a mãe da jovem teve que auxiliá-lo para que as mãos de sua filha não estrangulassem de fato o futuro genro.

Tão logo conseguiram dominar os movimentos mais bruscos da moça, ela, com os olhos vidrados, virou-se para Caio dizendo:

– Escute aqui, seu miserável assassino... Eu ainda vou conseguir te estrangular, traidor maldito. Você e essa megera irão sofrer todo o meu ódio. Não deixarei vocês em paz até pagarem pelos seus crimes...

A mãe de Luciana, em desespero, caiu de joelhos ao lado da filha, gritando:

– Meu Deus... Filha, o que é isso? O que está acontecendo? Caio, que acusações são essas?

– Não sei, Dona Kátia, não faço a menor ideia do que seja isso tudo. Ao que me parece, são delírios de uma mente doente...

No plano espiritual, Júnior, Valdo e seus sectários divertiam-se com o quadro medonho que presenciavam.

Valdo, rindo a valer, falou jocosamente:

– Chefe, o sujeito é um covarde apavorado. Veja a cara dele... Há, há, há...

– Valdo, ótimo que seja assim, não? Com suas orientações, a impregnação mental que estamos realizando nesse imbecil irá, em curto tempo, implantar uma enfermidade em sua garganta e, à medida que formos trabalhando este centro de força, desequilibrando-o, poderemos vê-lo cultivar um câncer que irá matá-lo rapidamente.

– É possível. E cá para nós, o estúpido colabora bastante para isso, com o consumo de álcool, maconha e o seu modo de vida. Com a indução mental de estrangulamento, as energias dele próprio, desequilibradas pelo medo, contribuirão significativamente para a implantação da enfermidade. Aguardemos o tempo, chefe.

– Sim, Valdo, até porque, temos todo ele ao nosso favor, e como meu único objetivo é fazer esses dois miseráveis pagarem pelo que me fizeram, trabalharei com paciência. A vingança mais eficaz é aquela que é elaborada sem pressa...

– Coisa de artista, chefe. De artista...

Capítulo 31

Liberdade respeitada

Os rumos dos acontecimentos começaram a dar mostras ainda mais desagradáveis. Os sectários desencarnados que acompanhavam o pai de Luciana seriam procurados por Júnior, que achava oportuna uma sociedade, aumentando a possibilidade de ser bem-sucedido. "Por que desprezar a oportunidade na união de forças?", ponderava o rapaz.

Resolveu consultar Valdo, que tinha um pouco mais

de conhecimento neste mundo novo.

Explicou o seu plano resumidamente, solicitando a opinião do comparsa:

– Honestamente, não sei, chefe, se esta é uma boa alternativa. Eles estão envolvidos com o prefeito há muito tempo. De uma maneira geral, parece um grupo mais coeso e forte do que o nosso. A nossa chance de sucesso será pequena.

– Valdo, existe um provérbio que dizem ser americano ou talvez popular, mas em todo caso acredito válido para a ocasião: "Se você não pode com o inimigo, una-se a ele".

– Tenho os meus receios, chefe. Nosso pessoal é covarde. Você mesmo pôde constatar, não faz muito tempo.

– Creio que poderá valer a tentativa. Não vamos nos intimidar. Provavelmente, eles devem ter muita coisa para nos ensinar.

– Bem, você é quem sabe – respondeu Valdo resignado.

Enquanto isso, na unidade assistencial dirigida por Giuseppe, os mentores amigos, na companhia do aplicado estudante Clemente, encontravam-se reunidos com Clarissa, tratando dos últimos acontecimentos. Alzira, com o seu amor maternal, mostrava-se mais apreensiva em relação ao seu protegido.

– Meus amigos, como vocês não ignoram, Júnior vem regularmente desprezando qualquer alvitre de minha parte. As orientações que envio para que ele retome seu equilíbrio estão sendo todas em vão. Rejeita-as sumariamente pela fixação mental em que se encontra, isolando-se nos procedimentos vingativos que programa a cada dia.

– A sensação que temos nessa hora é de que, ao estimularmos o bem, acabamos dando ênfase ao mal, não, Alzira? – perguntou Jeremias.

– Exato. Quanto mais inspiro boas ideias, maior esforço empreende o jovem em querer prejudicar Luciana e Caio.

– Isto é apenas impressão, Alzira. Você sabe disso.

– Sim, Clarissa, eu sei. No entanto, é muito difícil assistir a um ente querido indo em direção contrária à sua felicidade.

– É fato, minha amiga, no entanto, teremos que respeitar as decisões de Júnior, por questão de justiça em relação às suas escolhas, que obviamente lhe acrescentarão responsabilidades, dispensáveis se ele continuasse no esforço que vinha realizando para a sua melhoria.

– De minha parte, levarei ao conhecimento de Giuseppe as informações sobre os últimos eventos. Com certeza, ele saberá orientar-nos quanto às providências necessárias. Cabe-nos continuar trabalhando e solicitando ao Senhor que assista o seu filho, que se mostra pródigo neste período de sua caminhada – finalizou Clarissa.

A elevada entidade retirou-se, dando oportunidade para o questionamento de Clemente:

– Alzira... Se entendi corretamente, Júnior vem agindo exatamente de forma contrária, cada vez que recebe uma inspiração de sua parte. Então, por medida cautelar, não seria melhor permitir que ele tome as decisões que ache mais razoáveis, sem a nossa tentativa de ajudá-lo?

– As decisões dele não sofrem interferência direta de nossa parte, Clemente. Enviamos com regularidade orientações à guisa de assistência fraterna. Ao encontrarmos uma pessoa querendo ferir-se mortalmente, ou seja, suicidar-se, não iremos dar de ombros e dizer que o problema é dela e não nosso, concorda?

– Concordo. É nosso dever cristão fazer algo, afinal

de contas, é um irmão nosso que pode momentaneamente estar fora de seu equilíbrio emocional.

– Isto poderá impedir a sua decisão inicial, Clemente?

– Nem sempre. Por vezes, parece até que o indivíduo é estimulado, Alzira.

– Apenas parece. Porque o registro quanto ao erro que está em vias de cometer consigo mesmo ficará gravado e servirá, no futuro, como orientação em suas próximas existências. Não é assim com a educação que recebemos, Clemente?

– É verdade, Alzira. Nem sempre damos ouvidos para as orientações, contudo, quando nos conscientizamos dos desacertos, surge uma voz interior, dizendo-nos: "Se eu tivesse escutado os conselhos recebidos e colocado em prática, não estaria nesta situação".

– Exato, Clemente. Aliás, é um ensinamento claríssimo de Jesus em Mateus 11:15: "Aquele que tem ouvidos para ouvir, que ouça"!

– Pois é – respondeu Clemente.

– Agora, meu jovem amigo, e você, Jeremias, permitam que eu me retire para alguns outros afazeres. Nos encontraremos mais tarde, está bem?

– Sim, sim... Obrigado, Alzira.

Assim que a mentora se apartou, Clemente, curiosíssimo, questionou Jeremias:

– A nossa querida Alzira, mesmo com o conhecimento e a elevação que conquistou, deu-me a ideia, talvez incorreta, de certo abatimento diante de Clarissa, quanto ao seu tutelado.

Jeremias, sorrindo, respondeu:

– Clemente... Estamos ainda muito longe da firmeza de nossos elevados missionários que passaram pelo planeta deixando-nos exemplos de autoconhecimento e controle de suas emoções. Trabalhamos como orientadores de nossos irmãos, mas ainda continuamos muito humanos em matéria de sentimentos. O fato de conhecermos um pouco mais não nos possibilita o domínio de todas as nossas emoções.

– E eu que pensei que os mentores, via de regra, eram criaturas cuja evolução estava livre de qualquer percalço.

– Em nosso plano evolutivo, para merecermos entidades tutelares cuja posição seja essa que você imagina, precisaremos ainda de muito esforço e dedicação.

– Por exemplo, Jeremias, Allan Kardec e seu mentor...

– Quantos "Allan Kardec" você conhece, Clemente?

– Jeremias... Sem comentários...

Capítulo 32

Pacto tenebroso

—P osso saber o que você quer, garoto?
— Meu nome é Júnior e gostaria de apresentar uma proposta.

— Escute aqui, que tipo de proposta pode ser interessante para mim, vindo de um moleque como você? Saiba que eu não tenho tempo a perder e também não gosto de lidar com crianças.

— Entendo os seus pontos, senhor...

– Aqui não tem senhor, e nomes não são importantes neste primeiro contato, se é que irá haver mais algum. Fale logo.

– Gostaria de propor uma associação.

O sujeito quase dobrou de tanto rir, sendo acompanhado por outro brutamontes, que se parecia um guarda-costas.

Júnior aguardou o espetáculo que o ridicularizava, impassível.

– Há, há, há... Me aparece cada figura... Diga lá, "senhor Júnior", qual é a sua oferta? Abrir um berçário para cuidarmos de bebês como você?

Júnior, inalterado, sem demonstrar qualquer emoção, respondeu:

– Sei que você e sua equipe, se é que devo chamar assim, atuam junto ao prefeito e, como tenho interesses na filha dele e no futuro genro, acredito que poderíamos unir nossos esforços.

– Para sua informação, quem possui equipe são executivos, eles são meus comandados. Contudo, se você despertasse qualquer interesse em mim, quais seriam as minhas vantagens nesta associação?

– Entro com o meu pessoal e minhas habilidades

em ceder magnetismo para as suas operações, e você me auxilia em meus projetos, ou então me ensina técnicas para que eu possa obter melhores resultados em meus objetivos.

O tal comandante, virando-se para o seu acompanhante, disse:

– Gaston, quer saber? Gostei da ousadia desse moleque. Faz lembrar-me de minha juventude quando no corpo "pesado". Eu já havia comentado com você, quando o observei algumas vezes em atuação, não? São "trabalhos" ainda incipientes, mas ele parece ter um futuro promissor conosco.

Olhando firmemente para Júnior, comunicou:

– Quer saber, garoto? Vou aceitar você e sua turminha em meu bando. Nem sequer pense em me trair ou levar qualquer vantagem sobre mim ou meus comandados, porque, caso tente algo semelhante, irá se arrepender amargamente. Não tenho a mínima consideração por traidores, que costumo tratar como lixo. Fui claro?

– Claríssimo. Sobre a questão da traição, o que me interessa em nossa associação é exatamente dar cabo de um traidor vulgar, que é o futuro "maridinho" de Luciana.

– Não seja tolo, menino, de querer trazer para nossa dimensão aqueles que podem ser explorados por um longo tempo. Não é assim que fazemos o "trabalho". Isso é para amadores que ficam gastando seu tempo em processinhos de vingança, tipo namoradinho traído. Nosso negócio é diferente. Queremos usufruir do poder e suas facilidades. Por isso, se a sua intenção é liquidar o corpo "pesado" do trouxa, bateu na porta errada.

– Se venho propor uma sociedade, devo estar aberto a novas ideias e estratégias, estou certo?

– Gostei. A propósito, chamo-me Leone e, como você pode ver pelo meu próprio nome, sou um "rei". Portanto, conforme já informei, quero obediência total.

– De acordo, Leone. Quando podemos começar?

– Veja, Gaston, o garoto é apressadinho. Há, há, há... Para o seu governo, estamos ligados a um grupo muito maior, que possui interesse em manter as coisas do jeito que estão. Quanto mais corrupção, desmandos e tirania, mais conseguimos manter afastado esse "povinho" com discurso de mudança, mundo melhor ou bobagens desta natureza. Queremos mesmo é continuar no bem-bom, na situação cômoda em que vivemos sem fazer grandes esforços, tirando a parte que nos pertence por direito. Perdãozinho pra cá, perdãozinho pra lá, é coisa de covarde, sem ideologia. Não tem essa conversa de perdão aqui não. Então, quando aparecer algum "santinho" falando a respeito, bota o sujeito para correr, estamos entendidos, garoto?

– Perfeitamente.

Leone e Gaston viraram as costas e se afastaram sem qualquer consideração. Antes que Júnior começasse a segui-los, Valdo, demonstrando preocupação, alertou:

– Júnior, esse pessoal é da "pesada". Não sabemos com quem estamos nos metendo. Isto não está me cheirando bem. Podemos nos envolver em encrenca grossa. Eu te avisei que deveríamos ficar longe deles.

– Está com medo, Valdo? Se quiser, pode pular fora.

– Não se trata disso, chefe. Simplesmente, caso as coisas se invertam, não somos suficientemente fortes e nem em número adequado para nos safarmos desses caras. Acho melhor dar um tempo, arranjando uma desculpa qualquer, pelo menos até conhecermos melhor esse pessoal.

O que Júnior não suspeitava é que naquele instante Valdo estava sendo um instrumento do bem, inspirado por Alzira e Jeremias, que buscavam estimular o rapaz a abster-se de maiores complicações em envolvimento com criaturas tão tenebrosas.

Capítulo 33

Armadilha inteligente

—Valdo, você vem ou não?
— Não sei, chefe. Tenho que pensar a respeito. Perdoe-me, mas prefiro esperar um pouco.
— Está bem. Veja quem no grupo está disposto a vir comigo e, àqueles que não aceitarem, informe que estão liberados.

A grande maioria do grupo resolveu seguir Júnior, interessados em tirar mais vantagens da associação que se formava. Valdo ficou isolado e partiu cabisbaixo. Seguiram Leone e Gaston a curta distância. Em poucos minutos estavam reunidos com o enorme bando do terrível obsessor, que superava em quatro vezes o número de seguidores de Júnior.

Subitamente Leone ordenou:

– Prendam esse bando de trouxas, principalmente o moleque que é o líder.

Iniciou-se uma luta inglória, porque em minutos Júnior e o seu grupo estavam dominados, com mãos e pés atados.

O "rei", como gostava de ser tratado, gargalhando estridentemente, falou:

– Você e sua turma não passam de uns otários mesmo. Imagine que vou me associar com um menino que mal saiu das fraldas e que teve a petulância de atrapalhar os meus interesses, perturbando Luciana e Caio por causa de um "ciumezinho" besta e ressentimento por uma traição. Ora, seu moleque, acorde e veja o quanto você é estúpido, metendo-se com gente mais gabaritada.

– Eles não só me traíram como tiraram tudo de mim! Tenho direito a vingança! Pagarão pelo que fizeram... – protestava Júnior aos brados.

Gaston, o brutamontes guarda-costas, investiu na direção de Júnior e aplicou-lhe várias punhadas, que logo lhe tiraram sangue da boca e do nariz, enquanto Leone ordenava:

– Cale-se. Você e a sua turminha servirão como nossos escravos, obedecendo cegamente nossas ordens, para não receberem uma boa surra diária.

– Gaston, providencie as correntes para algemá-los convenientemente. Naqueles que demonstrarem qualquer sombra de indisciplina, desça a chibata no lombo.

Em atitude de desprezo, Leone aproximou-se de Júnior e, após dar um sorriso sarcástico, cuspiu no rosto do rapaz e se retirou.

Alzira e Jeremias, assistindo à violência que era praticada, e sem ser identificados pela turba, graças à posição sutilizada de seus perispíritos, derramavam discretas lágrimas pelos descaminhos escolhidos por Júnior, que poderia ser um Espírito vencedor em suas possibilidades evolutivas, se houvesse utilizado alguma dose de resignação.

Os mentores se retiraram em direção ao complexo assistencial, em busca de Clarissa, para novas instruções.

Encontraram a nobre entidade na companhia de

Clemente, que costumeiramente, quando se encontrava com a mentora, disparava uma bateria de perguntas.

Clarissa, ao receber os amigos, diante do abatimento de ambos, com voz serena e vibração amorosa, falou:

– Aguardava vocês, diante dos últimos acontecimentos, que tive oportunidade de acompanhar pela frequência mental de nossa querida Alzira.

A responsável por Júnior adiantou-se:

– Nobre mentora, rogo pelo meu tutelado, que está afundando em um charco de dor devido à sua profunda ignorância. Temo pelo seu futuro, pelo que terá de fazer daqui para diante, nas mãos de criminosos como Leone e Gaston.

– Alzira, compartilho de sua dor, no entanto, o Senhor da Vida não nos desampara em momento algum. Júnior tem os seus créditos de outras existências, sabemos disso. Apesar de estar em pleno processo de desenvolvimento, sujeito então aos equívocos da caminhada, conta com assistência adequada e preces regulares de sua mãezinha e de pessoas que têm alta estima e consideração por ele. Apesar da família de seu pupilo estar envolvida com a religião somente para as ocasiões sociais, sua mãe, após o desencarne do filho querido, aderiu, por sugestão de uma amiga, à rotina da prece diária em favor de Júnior.

Após uma breve pausa, Clarissa prosseguiu:

– Giuseppe consultou as entidades venerandas, responsáveis em grau maior pela nossa instituição, e recebeu delas o aval para interferir caridosamente no processo, que toma notas cada vez mais desequilibradas e comprometidas.

– Nosso dirigente tem interesse pessoal em Leone e Gaston, e estará conosco em nossas operações.

– O próprio Giuseppe, Clarissa? Que honra a nossa contar com a ação direta dele. Somos tão pequenos...

– Alzira, o Senhor não cuida do verme que trabalha na profundeza da terra com o mesmo desvelo com que cuida de cada um de nós? Giuseppe, antes de tudo, é nosso irmão mais evoluído, e quanto maior a evolução, mais amor e dedicação, não é assim? Recordemos Jesus, Nosso Senhor e Mestre, diante de sua Missão. É possível imaginar uma criatura de seu jaez encarnar há mais de dois mil anos no planeta, diante de tanto primitivismo, para plantar a semente de seu Evangelho? Somente um amor incondicional para suportar nossa ignorância, não é mesmo?

– Você tem razão amiga, só mesmo um amor ilimitado, impossível de ser avaliado por nós, diante do quadro evolutivo em que nos encontramos.

– Muito bem, vamos falar com Giuseppe, que nos aguarda em sua sala.

Capítulo 34
Medidas emergenciais

— Alzira, Clarissa, amigos, entrem... Que bom revê-los!

— A alegria é nossa, Giuseppe – adiantou-se Alzira na saudação.

— Muito bem. Para ganharmos tempo, Giuseppe, repassei alguns detalhes para Alzira e Jeremias sobre sua intenção em participar dos procedimentos relativos ao Júnior e demais irmãos nossos – informou Clarissa.

– Sim, de fato. Recebi orientações importantes dos amigos que regem nossa instituição do mais Alto e, dentro do quadro lamentável que se apresenta, tomaremos medidas urgentes visando à redução do endividamento dos irmãos envolvidos no presente drama. Para ser objetivo, a assistência que será prestada deverá envolver o prefeito, Luciana, Caio, Júnior, Leone e Gaston diretamente, e os que são seus correligionários também serão convidados à mudança de planos, ficando obviamente a cargo de cada um a decisão. Nos casos específicos em que o mal se apresenta, encontramos o sagrado momento de executar o bem, até porque, conforme sabemos, o mal é pura e tão somente fruto de desconhecimento, não possuindo consistência em nossos potenciais divinos.

– O que faremos de imediato, Giuseppe? – questionou Jeremias.

– O prefeito fez uma programação de viagem em avião fretado para a capital e será acompanhado por Luciana e Caio, além, obviamente, de Leone e Gaston, na dimensão espiritual.

– E o Júnior? – perguntou Alzira.

– Pelo que pude verificar, continuará preso, junto com aqueles que são os seus seguidores, no acampamento de Leone. Para não desperdiçarmos o tempo, que é precioso, sugiro que façamos uma prece e partamos para o serviço que nos aguarda.

Após a prece, em minutos os mentores se alojavam em veículo aéreo que os conduziria até o aeroporto, onde o prefeito e acompanhantes deveriam embarcar no avião que ele havia fretado.

Durante o rápido percurso, Clemente solicitou ao nobre mentor permissão para fazer uso da palavra.

– Giuseppe, você disse que os nossos irmãos se envolveriam em maiores problemas, complicando ainda mais a situação deles próprios. Poderíamos ser informados a respeito?

– Por que não? Infelizmente temos mais uma vez um quadro criminoso entre Luciana e Caio. A jovem está nos seus primeiros dias de gravidez.

– Novamente? Será que esse casal não se previne?

– Utilizam a conhecida tabelinha, nem sempre eficaz, conforme sabemos. Luciana sentiu certa indisposição nos últimos dias, e pretende fazer uso das técnicas abortivas no menor prazo possível, buscando livrar-se da responsabilidade. Caio ainda não sabe, mas com certeza apoiará a medida.

— E quem é desta vez o Espírito candidato ao reencarne, que sofrerá tamanha afronta?

— Um dos comparsas de Leone. O líder busca uma estratégia de permanência nos negócios do poder, conforme sabemos. Diz-se comandado por terceiros, mas isto é apenas uma desculpa, porque está buscando montar o seu reinado particular de terror, através dos mais intrincados métodos obsessivos.

— Meu Deus, Giuseppe. Até onde vai a mente criminosa...

— "Ignorante" seria o termo mais adequado, meu caro estudante. Quando desvirtuamos os nossos padrões de natureza superior, passamos a construir muralhas em torno de nosso castelo de fantasias, que aprisionarão a nós mesmos. Só Deus sabe o tempo que a criatura irá despender para derrubá-las. No caso de Leone, o poder o inebria há séculos, porém, chegou a hora de oferecermos o seu despertar.

— Ele poderá recusá-lo?

— Como não? Somos livres, não?

— E o custo disso, Giuseppe?

— Clemente, Leone é inteligente, talvez repense sua atual posição. Mantenhamos nossa confiança no Pai,

para alcançarmos o sucesso tão desejado.
– E o prefeito?
– Endivida-se a cada dia que passa, criando para si resgates extremamente dolorosos, pelo abuso de poder em que se habituou.
– Pessoal, estamos chegando ao aeroporto – informou Jeremias.

Giuseppe polidamente encerrou as instruções para Clemente e orientou o piloto do veículo que utilizavam a pousar próximo do avião, onde já embarcavam o prefeito e comitiva, sendo acompanhados pelos dois obsessores.

Em instantes o avião decolava, sendo seguido pelo veículo dos mentores amigos.

A viagem já alcançava cerca de duas horas, de um total de três, quando o avião apresentou problemas em uma das turbinas. O piloto comunicou que fariam um pouso de emergência em virtude dos problemas surgidos serem de maior gravidade.

Naqueles rápidos instantes, todos sentiram o pânico e o desespero da morte iminente.

Luciana, segurando as mãos de Caio, começou a orar, algo que não fazia desde a infância.

Caio, invadido pelo medo, parecia ver um filme passar rapidamente em sua mente. Em segundos viu um resumo de sua vida, e o rosto atormentado de Júnior foi a última cena.

Os pilotos não alcançaram o êxito desejado e a aeronave acabou colidindo fortemente com o solo. Tudo se passou muito rapidamente. Os únicos sobreviventes da tragédia foram o piloto e o copiloto. Os passageiros desencarnaram instantaneamente.

Na dimensão espiritual, Giuseppe e os demais assistentes desembarcaram, prestando atendimento urgente aos irmãos que acabavam de mudar de dimensão.

Imediatamente, Clarissa, Alzira e Jeremias, auxiliados por Clemente, providenciavam os trabalhos de separação do corpo denso dos acidentados, com instrumentação adequada, liberando-os de maneira mais confortável possível, ao mesmo tempo em que aplicavam energias em seus centros de força coronário e frontal, induzindo-os ao sono profundo.

Enquanto isso, Giuseppe se dirigia à dupla de desencarnados, que estavam completamente aturdidos com o acontecimento.

Capítulo 35

Jesus nos aguarda

—L eone, Gaston, vamos, acordem...
– O que aconteceu? Onde estou? Quem é você? – questionou primeiramente Leone.

– Mantenha-se sereno, meu filho. Tudo será esclarecido no tempo devido. Chamo-me Giuseppe e venho em nome de Jesus, como mero prestador de serviço de seu amor.

– Onde está o Gaston?

– Ao seu lado. Está despertando mais lentamente.

– O que aconteceu? Giu...?

– Giuseppe! O avião em que você e Gaston estavam viajando na companhia de seus "amigos" sofreu um grave e fatal acidente.

– Não é possível. Onde estão o prefeito, Luciana e o rapaz?

– Neste momento, encontram-se em sono terapêutico profundo e serão conduzidos para local de assistência adequada, exatamente para onde queremos convidá-lo e ao seu amigo Gaston, para que lhes façam companhia.

Leone aos poucos retomava a lucidez após o impacto sofrido e, voltando à sua posição anterior, como líder de falange obsessora que era, falou indignado:

– Assistência? Acompanhá-los? Quem é você afinal?

– Um amigo de longa data, que você não está reconhecendo, por enquanto.

– Não sou seu amigo. Caso você queira tirar algum proveito da situação, saiba que eu já perdi muito com a mudança de plano dimensional daqueles que estavam em minhas mãos. Tenho problemas demais para demonstrar gratidão, deixarei que saia agora mesmo de minha frente antes que eu me convença de que você não passa de um oportunista. Então suma daqui imediatamente, porque tanto eu como o meu amigo sabemos muito bem nos cuidar. Desapareça!

– Leone, entendo que fale por você, mas não creio que responda por Gaston.

– Como ousa, seu cretino? Sou o chefe do meu "povo" e cabe a eles obedecerem às minhas ordens. Aliás, como sabe o meu nome?

– Muita gente conhece você, meu filho, eu principalmente. Em todo caso, Leone, convém que eu pergunte diretamente para o Gaston, se ele não quer acompanhar-me.

Leone, esbravejando, avançou agressivamente em direção a Giuseppe.

– Acabo com você, maldito intrometido...

Ao se aproximar violentamente, recebeu das mãos do mentor energias magnéticas poderosíssimas, que o imobilizaram no mesmo instante, sendo amparado para não cair estatelado ao solo.

Gaston, que acompanhava os acontecimentos, estava boquiaberto com o que acabara de presenciar. Giuseppe calmamente disse:

– Gaston, nada tema. Aproxime-se e venha auxiliar o seu irmão.

O obsessor aproximou-se trêmulo e acanhado, no entanto, a força moral de Giuseppe envolvia-o em vibrações amorosas de confiança.

Giuseppe, com movimentos rápidos sobre os centros coronário e frontal de ambos, dirigiu-se às duas entidades dizendo:

– Voltem no tempo e vejam o que representamos um para o outro.

Apesar de Leone oferecer maior resistência a princípio, acabou cedendo ao ouvir as declarações de Gaston.

– Estou vendo um castelo e um garoto mais ou menos com uns seis anos de idade, brincando sozinho. Meu Deus, sou eu o menino... De repente, sinto-me abraçado carinhosamente pelo meu pai, que me ama muito. Me vejo agora como um verdadeiro príncipe. Meu pai morreu com a peste. Não dei importância para os seus conselhos. Envolvo-me em guerras sanguinolentas, seguindo meu irmão mais velho, que possui uma sede de poder insaciável. Estamos na chamada Terra Santa. Somos emboscados em uma das tantas batalhas e massacrados. Meu irmão... Não pode ser... É Leone, sinto isso... É verdade... Meu pai... É você...

Leone, que entrara na faixa vibratória de Gaston por intermédio de Giuseppe, tremia a cada trecho relatado pelo amigo e irmão de outrora. Conseguia, pelo processo avançado de terapia de vida passada, divisar as mesmas cenas, sentindo as emoções experimentadas naquele período da história.

De repente, Leone, com um grito de desespero, tentando libertar-se dos inimigos que lhe tiravam a vida naquela existência, desabafou:

– Somos cruzados, e estamos sendo aos poucos expulsos das terras que conquistamos. As tropas do sultão Saladino estão vencendo batalha após batalha. Meu Deus, quanto sangue... Salve-me por misericórdia, estou me afogando em meu próprio sangue... Meu pai, socorra-me...

– Estou aqui com vocês, meus filhos, e vim renovar o convite para que juntos possamos trilhar o verdadeiro caminho rumo ao Cristo.

– Precisamos defender os interesses dele, meu pai – bradou Leone, totalmente envolvido com o que ocorrera havia oito séculos.

– Jesus não precisa que lutemos por interesses passageiros, desrespeitando a nós mesmos e a nossos irmãos. A luta é contra nossos equívocos, buscando o exercício do amor, para alterarmos hábitos arraigados há muito em nossas vidas. A defesa que temos que realizar é a da manutenção do seu Evangelho em nossos pensamentos e atitudes, contra o inimigo cruel do egoísmo que instituímos em nós. Despertem, meus filhos, para a realidade que nos aguarda. Vamos lutar pela causa nobre da implantação do amor em nós e no mundo.

Leone e Gaston derramavam sentidas lágrimas, enquanto eram envolvidos por Giuseppe, que, emocionado, finalizou:

– Faz pouco mais de oitocentos anos que eu acompanho a trajetória de vocês dois, trabalhando para unirmos os nossos corações no ideal comum do amor a Deus Nosso Pai e a Jesus, Nosso Salvador. Chega de tanta luta, meus filhos, e vamos construir juntos um futuro de paz.

Os dois irmãos, retornando do transe, abraçaram Giuseppe. Leone, tomando a palavra, disse:

– Meu pai, perdoe-nos por termos nos desviado do caminho do bem, por não termos seguido seus conselhos. Por misericórdia, auxilie-nos...

– Nada temos que perdoar entre nós. O perdão irá se materializar em oportunidades de trabalho pelo Evangelho, em muitas existências, para que um dia o amor brilhe em nossos corações, como o diamante sem jaça.

Vamos, porque Jesus nos aguarda.

Capítulo 36

Esclarecimentos

Giuseppe solicitou o apoio de um veículo especializado em resgates. Em instantes, os recém-desencarnados e também Leone e Gaston estavam acomodados e partiram rapidamente, na companhia do mentor.

Embarcaram na outra aeronave Clarissa, Jeremias, Alzira e Clemente. Assim que decolou rumo à instituição assistencial, o jovem estudante pediu alguns esclarecimentos para Clarissa:

– Desculpe se não contenho a minha curiosidade, mas não posso evitar, diante das últimas ocorrências. Tenho duas perguntas, posso?

– Sim, claro que pode. O que você observou exatamente, Clemente?

– Bem, inicialmente, constatei que Leone e Gaston sentiram o impacto da queda do avião. Ambos encontrando-se desencarnados, como foi possível?

– Simples, meu amigo. As faixas vibratórias em que os dois se mantinham pode explicar esse fenômeno. Encontram-se com seus corpos espirituais em tamanha densidade, que o limiar entre uma dimensão e outra parece-lhes praticamente não existir. Influenciam razoavelmente a matéria densa e são por ela também influenciados. Notou que Giuseppe necessitou adensar seu perispírito para se fazer visível?

– Sim, Clarissa. Entretanto, tinha para mim que as questões relacionadas à matéria não agiriam nos desencarnados.

– Dependendo da condição evolutiva, Clemente. Quanto maior a sutileza do corpo que envergamos, menos influência, obviamente. Para estes casos que estamos analisando no momento, a própria gravidade exerce maior poder sobre seus corpos do que ocorre geralmente com Espíritos um pouco mais elevados.

– Não fazia ideia desta possibilidade.

– Clemente, para atingir os altiplanos das dimensões superiores de nosso planeta, necessitamos vibrar em ondas mais curtas, ou seja, mais elevadas, para reduzirmos nosso peso específico. Na literatura espírita, encontramos informações detalhadas, em Emmanuel, pela psicografia de Francisco Cândido Xavier, por exemplo.

– Preciso estudar melhor o assunto, Clarissa.

– Você disse que tinha duas perguntas, não? Qual a próxima?

– Giuseppe aguardou Leone e Gaston por quase oito séculos. Isto não impediu sua evolução?

– Evidente que não, Clemente. Giuseppe deu continuidade em seu esforço evolutivo, sabendo que o amor jamais esquece aqueles que ficaram na retaguarda por opção. Logicamente, buscou influenciar os filhos desgarrados inspirando-os ao bem e enviando recursos sempre que necessário. É assim, aliás, que Deus age conosco. O auxílio divino chega através do semelhante. Cabe a cada um de nós a aceitação.

– Mas foram mais de oito séculos perdidos, Clarissa!

– Tempo é algo que gerenciamos por vezes equivocadamente. O que são oitocentos anos para quem é imortal? Você já pensou que esses números representam muito para nós, porque em média não ficamos reencarnados nem por setenta ou oitenta anos, dependendo é claro de vários fatores. Se estivéssemos em dimensão ou planeta diferente, conforme o próprio Codificador registra na Revista Espírita de Abril de 1858, quando analisa a existência em uma das dimensões de Júpiter e constata que a vida de um Espírito lá reencarnado é em média, comparada à nossa, de mais ou menos 500 anos, o que representaria 100 anos para aqueles habitantes? Porém, conhecendo o Evangelho do Cristo e sendo conscientes de nossas responsabilidades, não podemos mais desprezar as oportunidades, não podemos utilizar o tempo que nos é oferecido nos prendendo a posições anteriores por mero convencionalismo. Veja, Clemente, como Jesus de fato é o libertador das almas, não?

– Sim, Clarissa, sem dúvida. Tira-nos da ignorância de nós mesmos, dando-nos direcionamento para a nossa realidade divina. Fantástico...

– Estamos chegando, meu jovem amigo. Lembre-se

de aprofundar-se nestes capítulos assim que for possível. O estudo amplia-nos a capacidade de conhecermo-nos, como também o discernimento quando trabalhamos para o bem.

Capítulo 37

Resgate com Jesus

Tão logo o prefeito, Luciana e Caio foram transferidos para a unidade hospitalar, Giuseppe aproximou-se de Leone e Gaston, solicitando:

– Daremos início ao serviço de recondução de nossos irmãos para Jesus: daqueles que os acompanharam até hoje, bem como dos seus prisioneiros, respeitando logicamente o desejo e interesse de cada um deles em nos acompanhar. Para isso, peço que vocês nos auxiliem.

Ambos responderam afirmativamente ao pedido de Giuseppe e, em seguida, reuniram-se com os demais membros da equipe. Este, aproximando-se dos amigos, orientou:

– Jeremias, Alzira e Clemente, creio que vocês poderão retornar ao acampamento, acompanhados por Leone e Gaston, no intuito de resgatar o Júnior e quem mais se dispuser a acompanhá-los. Vamos retirá-los da triste situação em que se encontram. Por favor, estendam o convite a todos, independentemente da posição que ocupem. Os algozes do protegido de Alzira, na realidade, são também prisioneiros do ódio e da ignorância. Portanto, façam o melhor ao seu alcance. Vibro para que tenham sucesso na tarefa, com as bênçãos do Nosso Mestre.

O quinteto agradeceu e despediu-se. Em pouco tempo desembarcavam próximo ao local onde se reuniam os partidários de Leone.

Os novos amigos aguardariam no veículo de transporte, enquanto Jeremias, Alzira e Clemente entravam em concentração, adensando um pouco mais seus corpos espirituais, podendo a partir de então ser percebidos pela vigilância do local.

Duas entidades imundas, com carantonhas horríveis, trajando restos de uniforme militar e exalando um odor pútrido insuportável, aproximaram-se com porretes e punhais. Um deles, que parecia ter maior autoridade, adiantou-se perguntando:

– Aonde vocês pensam que vão?

– Estamos em missão de resgate de amigos nossos, que se encontram enfermos. Somos irmãos de paz – respondeu Jeremias.

O sujeito iniciou uma gargalhada estridente e desafiadora, dizendo em seguida:

– Loucos estúpidos. Vocês invadiram o nosso território e agora nos pertencem. Não sairão mais daqui, enquanto o nosso chefe não voltar e decidir o que fará com cada um. Aliás, a mulher muito nos interessa – apontou para Alzira o indicador imundo e ferido, com um riso desrespeitoso.

– Sinto informá-los, ou melhor, trago uma boa notícia a respeito de seu líder. Ele encontra-se conosco e não irá retornar para este tipo de expediente.

– O quê? Vocês o transformaram em um prisioneiro? – retrucou o sujeito já espumando de raiva.

– De maneira alguma. Leone e Gaston não foram

constrangidos a nada. Receberam um convite amoroso de seu pai e aceitaram os desafios do trabalho regenerativo com Jesus – respondeu calmamente Jeremias.

– Mentiras! Você não passa de um canalha mentiroso – gritou o brutamontes.

Em seguida, dirigindo-se ao comparsa, ordenou:

– Lin, traga os cães para que eles façam o trabalho por nós e estraçalhem esses imbecis. Não vou perder meu tempo com mentirosos.

O companheiro obedeceu o comando e ligeiro retornou com cinco entidades acorrentadas, vitimadas pela zoantropia, numa mistura de homem e cão selvagem. Em instantes foram liberadas para atacar os mentores. Clemente, apavorado, dirigiu-se a Jeremias questionando:

– Que faremos?

– Tenha calma, meu jovem, e entre imediatamente em prece solicitando a proteção de Nosso Pai. Coloque-se entre mim e Alzira e nada tema, porque eles não nos farão mal. Fique tranquilo.

As infelizes entidades, que avançavam velozmente sobre o trio, estancaram subitamente a distância de um metro, como se estivessem diante de uma proteção elétrica cujas descargas fossem fatais. Circulavam ao redor dos mentores rosnando ameaçadoramente, sem ousar atacar.

O Espírito que exercia comando sobre o outro vigilante gritou:

– Lin, faça alguma coisa, seu incompetente. Bata nos animais para que eles avancem e terminem o serviço. Vamos, aja...

A entidade passou a espancar as pobres criaturas, sem alcançar sucesso. Temendo que a ira do outro se voltasse contra ele, disse:

– Não adianta, Ross. Esses bruxos enfeitiçaram nossos cães.

– Idiota. Eu mesmo vou dar um jeito nisso...

Ao avançar com o porrete em riste, levou tamanho choque ao tentar penetrar o circuito de proteção, que foi lançado ao chão, inconsciente.

O outro, vendo a cena, saiu correndo em direção ao acampamento, aos brados de alarme:

– Corram, salvem-se... Bruxos estão invadindo nosso acampamento. Fujam... Fujam...

Estabeleceu-se a anarquia, com algumas entidades correndo a esmo, colidindo umas com as outras, sem ter noção exata do que se passava. Imediatamente Jeremias adiantou-se e interveio:

– Irmãos, tenham calma. Não faremos mal a ninguém. Nada de pânico. Viemos convidá-los para nos acompanharem e restabelecerem a tão desejada liberdade, como ocorreu com Leone e Gaston, que já se encontram entre nós.

A moral superior de Jeremias estabeleceu a ordem. Uma entidade, dirigindo-se ao mentor, indagou:

– Quem são vocês e o que querem? Onde está nosso líder?

– Confiram vocês mesmos.

Com um sinal, Alzira solicitou mentalmente a presença de Leone e Gaston, deixando a turba boquiaberta.

Leone adiantou-se e falou:

– Amigos, venho convidá-los a seguir comigo e Gaston, não mais como comandados, mas, sim, como irmãos, para desafios que nos aguardam. Encontramos nosso pai de outras eras, com quem decidimos trilhar novos rumos. Sei o quanto sou devedor para com todos e farei o que estiver ao meu alcance para alterar os quadros infelizes que infligi a cada um. Nada temam, porque ficarão bem em nossa companhia, não mais obedecendo ordens, mas decidindo por si próprios os caminhos que devem seguir. O que me dizem?

Vários dos presentes saíram do local desacreditando o ex-comandante, enquanto outros mais conscientes se adiantavam, aceitando o convite.

Lin, que demonstrava maior apreensão, dirigiu-se a Leone, perguntando:

– E esses nossos companheiros de luta que estão conosco sem qualquer consciência, o que faremos com eles?

Jeremias, adiantando-se, pediu a palavra e esclareceu:

– Levaremos esses nossos irmãos para o tratamento adequado, buscando recuperá-los dentro de nossas possibilidades. Peço que libertem também os prisioneiros, para que possamos atendê-los, segundo a proposta que fizemos a você e aos seus amigos.

Lin, vacilante, olhou para Leone, aguardando o comando do líder, que aquiesceu com um leve movimento de cabeça.

Em seguida, Jeremias voltou a orientar:

– Vamos, Lin. Todos nós acompanharemos você na tarefa.

Ao aproximarem-se do local, Clemente foi o que

mais se impressionou com as cenas. Buracos feitos no chão, inundados por água fétida, cobriam os prisioneiros até o pescoço. Júnior, Valdo e demais acompanhantes encontravam-se inconscientes, repetindo frases desconexas, como em um verdadeiro delírio.

Leone e Gaston adiantaram-se para retirá-los daquela condição degradante, enquanto eram improvisadas algumas macas para transportá-los até a aeronave.

Enquanto o serviço era realizado, Leone repetia entredentes:

– Meus Deus, como resgatarei tudo isso?

Alzira, que estava próxima do ex-líder, dirigiu-se amorosamente a ele, dizendo:

– Com Jesus, Leone, somente com Jesus.

Capítulo 38

Nossos potenciais

Realizados os resgates, principalmente das entidades que se encontravam inconscientes, e após o encaminhamento de cada um para a assistência adequada na instituição dirigida por Giuseppe, Clemente aproximou-se de Jeremias, buscando novas lições.

– Será que eu poderia?...
– Perguntar? – respondeu Jeremias sorrindo. – É claro que pode, meu amigo.

– Já que você me permite, Jeremias, tenho três questões. A primeira é sobre a zoantropia. Como foi possível tamanha deformação daqueles infelizes irmãos?

– A questão não é nova, Clemente, e foi matéria abordada por André Luiz na obra "Libertação", psicografada pelo nosso estimado Chico, da qual eu lhe sugiro estudo minucioso. Utilizemo-nos de Leone como exemplo: ele é dono de um magnetismo impressionante, que emprega para impor desequilíbrios os mais diversos. Com técnicas hipnóticas ou magnéticas – caso você prefira a terminologia mais comum –, considerando ainda que o hipnotizado possui sua consciência de culpa e desvarios, é possível alcançar esse tipo de resultado, impondo a deformação ao corpo sutil e flexível que é o perispírito. Como nossa trajetória de princípio inteligente, ou espiritual, passa pelo reino mineral, vegetal e animal, respectivamente, temos em nosso patrimônio psíquico todos os arquivos destas experiências. Com o magnetismo, impõe-se à consciência culpada um retrocesso de natureza corpórea, nunca para o Espírito, que guarda suas conquistas e não retrograda. Falamos da vestimenta, neste caso, o corpo espiritual.

– Mas, e a postura daqueles nossos irmãos, que rosnavam e queriam literalmente nos atacar?

– E realmente atacariam se pudessem, Clemente. Por analogia, a entidade hipnotizadora trabalha nestes casos com regressão de memória, impondo à vítima a reentrada em seu subconsciente profundo e despertando as características da fera, que afloram por período indeterminado.

– No caso de reencarne destes irmãos, as características observadas em seus respectivos perispíritos poderão ser mantidas no corpo denso, Jeremias?

– Até certo ponto, meu amigo. Não nos esqueçamos de que o corpo material possui estruturação genética suficiente para neutralizar e mesmo remodelar parte das deformações do perispírito.

– Bem, então as histórias de lobisomem têm algum fundo de verdade?

– Não com o folclore que envolveu essas informações, porém, nas questões relativas às deformações e a algumas características próprias dos dramas vivenciados nestas provações, sabemos, infelizmente, que a história é verdadeira.

– Jeremias, esses irmãos que resgatamos nesta

condição retornarão às suas características humanas normais?

— Sem dúvida, Clemente. Contudo, o trabalho será intenso e terá início em nossa dimensão, estendendo-se para o processo reencarnatório reparador. Naturalmente que toda a terapia oferecida irá também depender da disposição do paciente. À medida que ele se conscientize e quanto maior os seus esforços nas mudanças de objetivos, substituindo hábitos infelizes, a forma irá gradativamente retornar ao padrão de nossa esfera de evolução, sublimando-se à medida que o Espírito exercite o amor.

— Questões intrincadas, hein, Jeremias?

— Sim. E, naturalmente, exigem estudos mais aprofundados de todos nós. Vamos à próxima?

— Gostaria que você comentasse um pouco sobre a tentativa de ataque de nossos infelizes irmãos e a ocorrência com o Ross, que foi anestesiado ao tentar nos agredir.

— A mesma energia utilizada para promover o bem-estar e a cura também poderá defender a criatura bem intencionada de possíveis agressões. Aqui também se aplica a questão da força do oponente contra si mesmo.

Quando vibramos em alta frequência, não estamos nos protegendo contra bactérias patogênicas, Clemente?

– Sim, é verdade. Então...

– Em escala mais acentuada, poderão ser produzidos verdadeiros anéis magnéticos de proteção. Dada a evolução de Alzira, ela conseguiu criar as barreiras que nos protegeram, com os conhecimentos e desenvolvimento que possui do uso do magnetismo animal. Um exemplo mais simples pode ser dado quanto ao uso da prece. Ao utilizarmos este recurso maravilhoso de ligação da criatura com o Criador, elevamos nossa frequência de tal sorte, que não seremos percebidos ou por vezes sequer vistos por Espíritos, estejam eles encarnados ou não. Tudo é uma questão de sintonia, Clemente.

– Agora a última, Jeremias.

– Fale, meu incansável investigador – disse Jeremias sorrindo.

– Quando resgatamos o Júnior, Valdo e os seus companheiros, notei que todos se encontravam em delírio. Por quê?

– Novamente o recurso da hipnose foi utilizado em nossos irmãos, visando neutralizar com o tempo o desejo de se rebelarem contra os seus captores. Algo como anestesiarmos durante certo período alguém que esteja em surto convulsivo.

— Se nós soubéssemos o que podemos fazer com os nossos potenciais, não, Jeremias?

— É exatamente por isso que vamos habilitando-nos à medida de nossa evolução. Lucas registrou importante ensinamento de Jesus em 16:10: "Quem é fiel no pouco, também é fiel no muito, e quem é desonesto no pouco, também é desonesto no muito".

— Desta forma, precisamos nos exercitar no bem, para que o bem ganhe escala em nós e nos proporcione as possibilidades de galgarmos maiores degraus em nosso íntimo, utilizando de nossos potenciais de maneira equilibrada, revestindo todos os nossos pensamentos e atos com o mais puro amor.

— Excelente, Jeremias, obrigado pelo seu tempo e ensinamentos, você é mesmo um verdadeiro professor.

— Clemente, não exagere. No terreno do conhecimento da vida, somos todos meros aprendizes. Agora vamos, porque temos muito trabalho para fazer ainda hoje.

Capítulo 39

Sacrifício por amor

—Alzira, bom dia.
– Bom dia, Clarissa.
– Amiga, por favor, chame o Jeremias e o Clemente para uma breve reunião com Giuseppe.
– Devo ir também?
– Sim, com certeza.
– Vou chamá-los agora mesmo...
Os mentores de Júnior e Caio, acompanhados pelo

estudioso Clemente, atenderam rapidamente a convocação, sendo recebidos por Giuseppe, que apresentava naquele instante um brilho especial em seus olhos lúcidos.

– Amigos, entrem, por favor, e se acomodem. Clarissa irá se juntar a nós em poucos instantes.

Não demorou muito e Clarissa bateu na porta, sendo recebida pelo dirigente da instituição com o mesmo entusiasmo.

– Serei breve, pois sei das responsabilidades de cada um. Tempo aqui não é dinheiro e, sim, serviço para Jesus, como todos sabemos – disse Giuseppe sorrindo.

– Recebi as orientações de nossos Maiores em relação aos seus tutelados, incluindo também os recém-resgatados. Muitos deles serão convenientemente tratados nesta instituição, durante um bom período de tempo, em virtude das deformações que apresentam em seus corpos espirituais, sendo contemplados pela reencarnação quando estiverem física e psiquicamente mais preparados. Entretanto, temos seis irmãos nossos que poderão prosseguir no trabalho de redenção em caráter emergencial. São eles: Caio, Júnior, Leone, Gaston, Luciana e o seu pai. Todos reencarnarão em uma mesma família, no interior do Brasil, em situação extremamente simples, sendo filhos de um casal que estará vivendo em profunda pobreza.

– Quem são esses Espíritos abnegados que os receberão, Giuseppe?

– Você foi feliz, Jeremias. São realmente criaturas abnegadas. Trata-se dos bisavós de Luciana, que possuem grande lucidez e muito amor em seus corações. Receberão todos os sete Espíritos seguidamente, que formarão a famosa "escadinha", no linguajar popular do nosso maravilhoso país.

– Um instante, Giuseppe. Serão seis filhos e não sete – alertou Alzira.

Giuseppe, sorrindo, respondeu:

– Serão no total sete mesmo, Alzira. Eu serei a mais velha.

– Mais velha? Desculpe, não entendi! – disse Jeremias, surpreso.

– Isso mesmo. Reencarnarei em polaridade feminina, sendo a filha mais velha do casal. Meus pais desencarnarão muito cedo e ficarei com os irmãozinhos, de quem cuidarei como verdadeira mãe, orientando-os para uma vida de muito trabalho no campo. Seremos todos simples agricultores, lutando com as dificuldades em uma região que se encontra desolada. Nas lutas do dia a dia, forjaremos um caráter mais humilde, para depois podermos iniciar as reencarnações reparadoras. Esta primeira etapa será apenas para amainar os anseios do mando, do tratamento desrespeitoso com a vida do semelhante, da traição, do ódio, do uso de patrimônio alheio e outros aspectos que as dificuldades da vida nos farão exercitar. Portanto, estarei me afastando da direção desta instituição pelo período que me foi concedido pelos nossos Maiores, ficando Clarissa à frente das responsabilidades.

– Qual o tempo que você estará ausente, Giuseppe? – questionou Alzira.

– Cerca de 150 anos, sendo este o tempo aproximado para duas reencarnações com o grupo inicial, porque muitos dos companheiros de Leone, Gaston e Júnior irão se juntar a nós, nos próximos 50 ou 60 anos, ampliando a parentela e, desta forma, todos trabalharão para um objetivo comum: evoluirmos em direção ao amor do Cristo Jesus. Peço que vocês todos me apoiem em meus desafios, porque serão muito grandes, para um Espírito comum como eu.

– Tenha disso certeza absoluta – adiantou-se Clarissa.

– Inicio hoje mesmo a preparação dos programas reencarnatórios, com as entidades venerandas às quais nossa instituição está vinculada. Saibam que sou imensamente grato pelo muito que fizeram, pedindo ao Senhor da Vida e ao Nosso Mestre que nos sustentem no amor e no serviço do bem.

A emoção tomou conta de todos ao se despedirem do iluminado dirigente.

Ao saírem da sala, Clemente, virando-se para Jeremias, disse:

– Cento e cinquenta anos de puro sacrifício, dedicação e amor. Como é difícil essa caminhada para Jesus...

– Clemente, se o próprio Mestre enfrentou dificuldades para implementar o Evangelho no planeta que está diretamente sob sua responsabilidade, imagine para todos nós, que estamos praticamente no início da caminhada...

– A porta estreita é realmente muito estreita, não, Jeremias?

– Nem diga, Clemente, nem diga...

Umberto Fabbri nasceu em São Paulo, mas reside atualmente na Florida, EUA. Atua no movimento espírita há 34 anos, destacando-se como educador e orador.

Proferiu mais de 5.000 palestras públicas em congressos e seminários no Brasil e no exterior. Como escritor já publicou livros em português e inglês, que visam contribuir para a melhoria do ser humano.

É articulista de jornais importantes do meio espírita e correspondente internacional nos Estados Unidos.

www.ingramcontent.com/pod-product-compliance
Lightning Source LLC
Chambersburg PA
CBHW060738050426
42449CB00008B/1261